Hair salon work

뷰티메니지먼트
Beauty Management & Consulting

에듀컨텐츠·휴피아
Educontents·Huepia

_책을 내면서

오늘날 뷰티산업시장은 이미 과밀현상이 두드러지고 있으며, 기술만으로는 경영을 유지할 수 없는 현실이 되었다. 이러한 이유로 본 저자는 지난 10여년간의 미용산업체 컨설팅 경험을 책으로 내기로 하였다. '뷰티메니지먼트'는 시작하는 미용인들과 이미 경영일선에 있는 미용인들에게 뷰티산업을 좀더 이해할 수 있으며, 미용경영에 참고할 수 있도록 사례중심으로 수록하였다.

Beauty Management편에서는 실제 뷰티산업현장에서 미용경영에 필요한 홍보 및 마케팅과 고객서비스로 이해하기 쉽도록 저술하였으며, Beauty Consulting편에서는 실제 저자가 수행했던 업체들의 컨설팅사례를 중심으로 다루어 유사한 사례를 이용하여 경영에 활용할 수 있도록 하였다. 특히, 헤어미용, 피부미용, 네일아트 산업체 컨설팅 사례연구를 통해 각 뷰티분야 미용인들의 미용경영관리에 사용할 수 있도록 심혈을 기울였다.

이 책을 저술하면서 미용이 기술만으로 성과를 낼 수 없으며 반드시 경영관리가 필요하다는 인식을 미용인 모두가 할 수 있기를 바라며 미용산업의 기초자료로서 사용되기를 조심스레 기대해 본다.

2025년 3월
저자 일동

목 차

— CONTENTS —

Unit I. Beauty Management ... 3

Chapter 1. 뷰티메니지먼트 & 마케팅 ... 5
1. 뷰티메니지먼트란 ... 6
2. 뷰티메니지먼트 요소 ... 6
3. 뷰티메니지먼트 업무영역 ... 7
4. 뷰티 서비스 마케팅 ... 11
5. 서비스마케팅 믹스 7P ... 12

Chapter 2. 뷰티 홍보 전략 ... 15
1. 뷰티 업체 홍보의 이해 ... 16
2. 뷰티 업체 홍보 계획 ... 17
3. 다양한 홍보전략과 도구 ... 19
4. SNS 홍보 ... 22

Chapter 3. 고객서비스 I - 고객 상담 서비스 전략 ... 27
1. 고객상담스킬 ... 28
2. 시술 전 뷰티 컨설팅 ... 32
3. 시술 중 뷰티 컨설팅 ... 35
4. 시술 후 뷰티 컨설팅 ... 37

Chapter 4. 고객 서비스 II - 고객 만족 서비스 전략 ... 39
1. 고객만족 ... 40
2. 고객만족 효과 ... 41
3. 감동을 주는 서비스 ... 42
4. 서비스 품질 평가요인 ... 43
5. 고객만족도 결정 9요소 ... 44

Chapter 5. 고객 서비스 Ⅲ - 고객 컴플레인 해소 전략 ···· 47
1. 컴플레인에 대한 이해 ···· 49
2. 컴플레인 처리의 중요성 ···· 49
3. 컴플레인이 발생하는 여러 가지 요인 ···· 51
4. 컴플레인 처리 과정 ···· 52
5. 불평하는 고객 응대의 기본요령 ···· 53
6. 불만고객의 반응 행동 유형 ···· 56
7. 불만 처리 시 금기사항 ···· 57

Unit Ⅱ. Beauty Consulting ···· 59

Chapter 1. 미용실 컨설팅 사례연구 ···· 61
1. 미용실컨설팅 Ⅱ - 고객서비스 ···· 62
2. 미용실컨설팅 Ⅲ - 홍보 & 마케팅 ···· 68
3. 미용실컨설팅 Ⅳ - 창업컨설팅 ···· 73
4. 미용실컨설팅 Ⅴ - 점포운영 ···· 80
5. 미용실컨설팅 Ⅵ - 인테리어 ···· 88

Chapter 2. 피부관리숍 컨설팅 사례연구 ···· 97
1. 피부관리숍컨설팅 - 경영진단 ···· 98
2. 피부관리숍컨설팅 - 점포운영 ···· 106
3. 피부관리숍컨설팅 - 재무컨설팅 ···· 114
4. 피부관리숍컨설팅 - 시술아이템 ···· 120

Chapter 3. 네일숍 컨설팅 사례연구 ···· 127
1. 네일숍컨설팅 - 점포운영 ···· 128
2. 네일숍컨설팅 - 인테리어 ···· 134

에듀컨텐츠·휴피아

Hair salon work

뷰티메니지먼트
Beauty Management & Consulting

유은희　박지연 · 共著

에듀컨텐츠·휴피아
Educontents·Huepia

Unit I. Beauty Management

마케팅을 배우는 데는 하루면 족하지만,
불행히도 마케팅을 마스터하는 데는 평생이 걸린다.
Marketing takes a day to learn,
unfortunately, it takes a lifetime to master.

[뷰티메니지먼트]

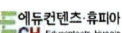

Chapter 1. 뷰티메니지먼트 & 마케팅

Beauty Management & Marketing

학습목표

1. 뷰티메니지먼트의 개념을 이해한다.

2. 뷰티마케팅을 이해한다.

1. 뷰티메니지먼트 란 ...

뷰티메니지먼트란 미용산업을 효과적으로 운영하고 관리하기 위한 종합적인 접근방식을 말한다. 즉 자금 및 시설, 재료, 도구 등의 물적자원과 헤어디자이너, 뷰티컨설턴트 등 인적자원을 활용하여 '신규 고객 확보', '고객만족' 등과 같은 영업활동을 통해 경영성과를 달성할 수 있도록 관리하는 일련의 과정이다. 뷰티메니지먼트는 고객의 만족도를 높이고, 브랜드의 가치를 증대시키며, 지속 가능한 성장을 추구하는데 필수적인 요소이다.

2. 뷰티메니지먼트 요소

1) 계획수립

계획은 어떠한 목표를 설정하고 그 목표를 어떻게 달성할 것인가에 대한 방법을 선택하는 의사결정이다. 예를 들어, 친환경적인 미용업소 이미지 구축을 위해 특정 기간까지 열펌 매출 대비 재료 사용을 18%에서 15%로 낮추겠다는 목표를 세우고 이를 위하여 재료 사용에 대한 직원 교육 강화, 전자저울 사용 의무화 또는 열펌 서비스 요금 인상 등의 방법들을 검토하고 선택을 결정하는 과정이다.

2) 조직화

수립된 계획을 성공적으로 달성하기 위해 필요한 업무들을 세분화하여 구성원들에게 적합한 업무를 체계적으로 수행하도록 하는 것이다. 계획 단계에서 제시된 사항을 수행하기 위한 구체적인 업무 교육, 재료 사용 상황 파악, 매장내 업무, 홍보 등으로 세분화하여 각각의 업무를 수행할 담당자를 정하고 이들이 성공 적으로 수행할 수 있도록 필요한 물적·인적 자원들을 배분하는 것이다.

3) 지휘감독

수립한 목표 달성에 필요한 업무 성과를 창출할 수 있도록 미용사업체의 비전과 목표를 인식시키고 지속적으로 독려하는 것으로 직원들과의 의사소통을 통해 업무 방향 등을 제시하고, 각각의 능력을 최대한 발휘할 수 있도록 동기부여한다. 또한, 업무가 계획대로 추진되고 있는 상황을 점검하고 수행된 업무를 정해진 기준에 따라 수정·보완하는 등 직원들이 능력을 발휘할 수 있도록 하는 관리활동이다.

4) 생산과 소비의 동시성

서비스가 생산되는 즉시 소비가 완성되는 것이 미용서비스의 특성이다. 헤어 디자인을 시술하는 동시에 고객은 소비하게 되는 것이다. 따라서 서비스의 품질은 제공되는 과정과 결과를 통해 평가받는다.

3. 뷰티메니지먼트 업무영역

뷰티메니지먼트의 업무는 세부적인 기준에 따라 분류할 수 있으나 기본적으로 회계분야의 재무관리를 제외하고 **마케팅관리(점포운영), 홍보관리, 고객서비스**로 나뉜다.

1) 마케팅관리(점포운영)

브랜드 인지도를 높이고 고객을 유치 및 유지하기 위한 전략과 활동을 포함한다. 이 과정은 효과적인 마케팅전략을 통해 경쟁력을 강화하고, 시장에서의 위치를 확립하는 데 중요한 역할을 한다. 즉 미용업 마케팅은 고객뿐만 아니라 내부고객 및 협력사, 지역사회 등으로 구성된 다양한 이해관계자들에게도 가치 있는 미용 서비스를 개발하고 소통하며, 그 가치를 교환함으로써 성과를 창출하는 활동이자 과정이다.

2) 마케팅 환경분석

마케팅에서 환경분석은 기업의 마케팅 전략을 수립하기 위해 외부 및 내부요인을 평가하는 과정으로 이 분석을 통해 기업의 내부와 외부의 기회요인 및 위협요인을 인식하고 전략적인 결정을 내릴 수 있다.

(1) 외부 환경 분석

  가. 거시적 환경분석

  - 정치적인 요인(political) : 정부정책, 규제, 정치적 안정성 등.

  - 경제적 요인(Economic) : 경제 성장률, 실업률, 인플레이션, 소비자 구매력 등.

  - 사회적 요인(Social) : 인구 통계, 소비자 행동, 라이프스타일 변화 등.

  - 기술적 요인(Technological) : 기술 발전, 혁신, 인터넷 사용 현황 등.

  나. 미시적 환경분석

  - 경쟁자 : 주요 경쟁업체와 그들의 전략, 시장 점유율 분석.

  - 고객 : 타겟 시장의 특성, 요구, 선호도 파악.

  - 유통 경로 : 제품이 고객에게 전달되는 경로와 유통업체의 역할.

  - 공급업체 : 원자재 및 서비스 공급자의 신뢰도와 가격

(2) 내부 환경 분석

가. 자원분석 : 기업이 보유한 인적, 물적, 재무적 자원평가

나. 조직문화 : 조직의 가치관, 목표, 직원의 태도 등이 마케팅 전략에 미치는 영향.

다. 마케팅 믹스 : 제품(Product), 가격(Price), 유통(Place), 촉진(Promotion)을 포함한 내부전략 평가.

- 고객에게 맞는 헤어스타일을 추천할 수 있다.

A. 제품 (Product)

- **특징** : 미용시술상품의 종류, 디자인, 기능, 브랜드명
- **상품라인** : 여러 상품을 그룹화하여 소비자에게 선택의 폭 제공.
- **서비스** : 시술상품을 포함한 부가서비스

B. 가격 (Price)

- **가격 설정 전략**: 원가 기반, 경쟁 기반, 수요 기반 등 다양한 가격 책정 방법.
- **할인 및 프로모션**: 소비자 유인을 위한 가격 할인, 쿠폰, 패키지 제공 등.
- **가격 민감도**: 소비자가 가격 변화에 얼마나 민감하게 반응하는지 평가.

C. 유통 (Place)

- **유통 경로**: 제품이 고객에게 전달되는 경로
- **유통 채널**: 오프라인과 온라인 유통 채널의 선택

- **위치**: 제품이 판매되는 장소의 선택과 그에 따른 접근성.

D. **촉진 (Promotion)**

- **광고**: TV, 라디오, 인터넷 등 다양한 매체를 통한 브랜드 홍보.

- **홍보**: PR 활동, 미디어 관계 구축, 이벤트 등.

- **판매 촉진**: 샘플 제공, 전시회 참여, 소비자 참여 이벤트 등.

- **개인 판매**: 영업팀의 활동을 통해 직접적으로 소비자에게 제품을 판매하는 방식.

(3) 환경분석 도구

가. 3C 분석

마케팅 환경분석 도구 중 하나인 3C(customer, company, competitor) 분석에서는 해당 미용업소와 고객, 그리고 경쟁업체를 분석한다. 자사에 대한 분석 외에도 관련 시장 규모와 잠재고객(customer) 층에 대하여 파악하고 경쟁자(competitor)에 대한 역량과 새로운 경쟁자의 진입 가능성 등을 파악한다.

나. SWOT 분석

마케팅 환경분석을 위해서는 많은 정보 습득과 분석 능력이 필요하다. 매출액, 고객수증가율, 고객만족도와 같은 성과 및 역량 등에 대한 내부환경 분석과 경쟁환경, 노동 및 세법 등 관련 법 제정, 라이프스타일의 변화, 인구통계학적 환경 등에 대한 외부환경분석을 통해 시장기회를 파악하고 미용업소의 역량과 자원의 조사한다. 이러한 환경에 대한 분석 도구로 [그림 1-1]과 같이 SWOT 분석이 있다. 미용업 내부적요인으로 강점(strength), 약점(weakness), 외부적 요인으로, 기회(opportunities), 위협(threats) 요소를 파악한다.

<SWOT 분석 4요소>

4. 뷰티 서비스 마케팅

1) 뷰티 서비스 특성

(1) 무형성(intangibility)

서비스는 형태가 없으며, 물체를 만지거나 볼 수 없기 때문에 그 가치를 파악하고 평가하기 어렵다. 무형적이라는 특성으로 인해 특허 등록이 어렵다. 새롭게 개발한 서비스를 경쟁사가 쉽게 모방할 수 있기 때문에 지속적인 서비스 개발과 관리가 필요하다.

(2) 이질성(heterogeneity)

재방문한 고객에게 이전의 서비스와 동일한 서비스를 제공하는 것이 쉽지 않으며 고객의 상황과 업체의 인적자원과 물적자원의 변화에 따라 서비스는 달라질 수 있다.

(3) 동시성(inseparability)

뷰티 서비스는 생산과 소비가 동시에 발생한다. 시술을 하는 동시에 고객은 상품을 소비하게 된다.

5. 서비스마케팅 믹스(service marketing mix) 7P

전통적 마케팅 믹스 4P란 기업의 목표를 달성하기 위한 전략적 마케팅 활동을 의미하며, 상품, 유통, 가격, 촉진으로 구성된다. 제조업 중심의 전통적 마케팅 믹스에서 서비스 특성을 고려하여 확대된 개념이 서비스마케팅 믹스 7P이다.

1) 상품(product)

서비스 상품이란 고객 만족을 위한 가치 창출과 관련된 모든 서비스 수행의 요소들로, 핵심 서비스와 다양한 보조 서비스로 구성되어 있다.

2) 가격(price)

서비스 가격이란 소비자가 구입한 서비스에 대하여 지불하는 금전적 대가를 의미하며 이는 구입한 서비스에 대한 교환가치로 미용 서비스를 구매한 고객들이 얻게 되는 효용가치라 할 수 있다.

3) 유통(place)

유통은 미용 서비스가 판매되는 때와 장소를 의미하며, 미용사, 스탭 등 미용 서비스 생산자에서 고객에게 전달되는 서비스 구조의 과정을 말한다. 미용 서비스는 제조업과는 다르게 비분리성, 소멸성 같은 서비스 특성상 복잡한 유통과정을 거치지 않는다. 효율적 서비스 유통과정을 위해서는 미용 서비스의 접근 용이성을 강화하기 위한 장소 선정과 서비스 이용에 따른 시간 및 공간 등의 제약을 극복하기 위한 노력이 필요하다.

4) 촉진(promotion)

촉진이란 고객들에게 미용업소의 서비스 상품을 알리고 고객들이 그 서비스 상품을 선택하게 하려는 마케팅 커뮤니케이션으로 광고, 인적판매, 홍보 등을 포함한다. 이유재(2006)는 촉진의 일반적인 목적을 정보를 제공하고, 호의적인 태도를 가지도록 설득하며, 최종적으로 소비자행동에 영향을 주어 구매를 이끌어내는 것으로 설명하고 있다.

5) 과정(process)

서비스 전달 과정을 의미하는 것으로 미용 서비스가 고객에게 전달되는 절차나 활동의 흐름을 의미한다. 그러므로 미용업소에서는 고객에게 최종적으로 원하는 헤어스타일과 함께 만족스러운 서비스 전달 과정이라는 흐름의 형태로 전달하여야 한다.

6) 사람(people)

서비스 생산과정에서 역할을 수행하는 모든 인적 요소를 의미한다. 미용 서비스에 있어 가장 중요한 사람이라 할 수 있는 고객뿐만 아니라 고객과의 접점에서 서비스 가치를 창출하게 되는 미용사, 스탭 등과 같은 서비스 제공자들 역시 매우 중요 하다. 그러므로 성공적인 서비스 미용업을 운영하기 위해서는 고객과 서비스 제공자 모두를 잘 관리해야 한다.

7) 물리적 증거(physical evidence)

물리적 증거는 미용 서비스 제공자가 고객에게 무형적인 서비스를 전달하는 데 동원되는 모든 유형적 요소를 포함한다. 신규 고객 유치에 영향을 줄 수 있는 시설의 외형, 간판과 같은 외부 물리적 환경, 내부 장식과 표지판, 가구, 시설물, 공기의 질과 같은 내부 물리적 환경, 그리고 유니폼, 메모지, 재료나 도구 등의 기타 유형적 요소로 구분할 수 있다.

[뷰티메니지먼트]

Chapter 2. 뷰티 홍보 전략
Beauty Public Relations

학습목표

1. 뷰티업체 홍보를 정의할 수 있다.

2. 뷰티업체 홍보를 계획할 수 있다.

1. 뷰티업체 홍보(public relations)의 이해

1) 홍보의 개념
업체 홍보란 뷰티 서비스와 소비자 및 고객과 직/간접적으로 관련이 있는 여러 관심사를 파악하고 이들과의 관계를 구축하고 유지함으로써, 업체와 미용사의 긍정적인 이미지를 향상시켜 미용 서비스 구매를 촉진하기 위한 커뮤니케이션 활동이다.

2) 홍보의 과정
홍보의 과정은 해당 업체의 브랜드 이미지, 비젼 등의 이해와 분석 및 미용 서비스의 강점과 약점과 같은 내부환경 분석, 경쟁 환경 및 트렌드 등에 대한 환경 분석을 통해 수집한 정보들을 통해 차별적인 콘텐츠를 목표 고객층에 맞게 제작하여 실행한다. 홍보 실행 후 반드시 결과에 대한 평가과정을 갖고 수정 보완을 통해 발전적인 홍보활동을 지속할 수 있어야 한다.

3) 홍보 매체의 종류
업체와 미용 서비스에 대한 홍보 매체는 명함, 미용업소 내외 POP, 판촉물, 현수막, 리플릿 등의 전통적인 매체와 유튜브, 블로그, 인스타그램 등의 SNS(social network service)와 같은 온라인 매체로 구분할 수 있다. 홍보의 목적과 예산 등의 상황들을 고려하여 가장 적합한 매체를 선정하여 지속적으로 홍보하는 것이 무엇보다도 중요하다.

2. 뷰티업체 홍보 계획

마케팅 환경분석을 통해 설정한 마케팅 목표를 달성하기 위한 수단으로 홍보 계획을 수립한다. 홍보 계획 수립 시 해당 업체의 내, 외부환경을 고려하여 보유한 역량과 자원을 잘 활용할 수 있도록 해야 한다.

1) STP(segmentation, targeting, positioning) 전략

(1) 시장세분화(market segmentation)
업체가 보유가 한정적인 자원을 활용한 홍보의 효과를 극대화하기 위해서 장. 단기적인 효과를 고려하여 대상을 선정하는 것이 중요하다. 그러므로 홍보 대상을 선정하기 전에 특정한 기준에 따라 소비자 또는 고객 집단을 세분화한다.
일반적으로 연령, 성별, 직업 등의 인구통계학적 요소, 업체의 접근성 등 지리적 요소로 세분화할 수 있다. 그 외에도 라이프스타일과 같은 심리적 요소, 미용 서비스 사용 경험에 따른 구매행동으로 시장을 세분화한다.

(2) 표적시장 선정(targeting)
시장세분화 다음 주요 홍보 대상이 될 시장, 고객집단을 선정한다. 예를 들어 새롭게 개발한 염색 서비스를 홍보하고자 할 때 가장 효과적일 수 있는 고객층을 선정한다. 연령별 세분화를 통해서는 20대, 또는 30대, 20~30대를 주요 홍보 대상으로 선정할 수 있고 고객의 구매행동 또는 심리적 요소에 따른 세분화로 매월 염색 구매 고객들을 대상으로 선정할 수 있으며 전체 고객을 대상으로 선정할 수도 있다. 표적시장과 니즈를 파악하여 시술품목을 세분화하여 홍보에 활용할 수 있다.

(3) 포지셔닝(positioning)

포지셔닝이란 마케팅 목표를 달성하기 위해 경쟁자의 서비스와 차별화된 지점을 소비자에게 긍정적으로 보여주는 일이다. 친환경 재료 사용을 부각시켜 홍보하고 있는 경쟁자의 염색 서비스 홍보와는 다르게 새롭게 개발한 염색 서비스를 어떻게 인식시킬 것인가에 관한 것이 포지셔닝이다. 또한 인적자원의 차별화, 우월성 등으로 포지셔닝할 수 있다.

2) 홍보 매체 선정

홍보하고자 하는 미용 서비스 및 제품 특성과 예산의 규모에 적합한 매체를 선정하기 위해서는 다양한 매체에 대한 이해가 필요하다. 온라인 매체는 선정과 지속 방법에 관점을 두어야 한다.

※ 온라인 매체를 선정하고 홍보컨텐츠를 작성해 보자(PBL)

<뷰티 홍보 고객 행동>

미디어 선정	• 목표와 부합 • 타킷이 적합 • 지속적 유지 가능성
컨텐츠 작성	• 영업전략 수립 • 선택과 집중
지속적 운영	• 지속적 참여와 역할 • 운영전담 조직 • 단계별 운영방법

<온라인 홍보채널 선정>

3. 다양한 홍보 전략과 도구

홍보전략은 고객의 서비스 구매를 촉진시키는 판매 촉진, 전자상거래를 활용한 상품 및 서비스 홍보 등 다양하다.

1) 오프라인 홍보 및 대면 홍보

(1) 서비스 쿠폰 제공

업체에서 쉽게 사용할 수 있는 방법으로 기존 헤어 상품 판매 가격에서 할인된 가격을 일정 기간 동안 사용할 수 있도록 하는 할인쿠폰과 재방문 고객을 위한 무료 헤어 서비스 시술 쿠폰, 생일 및 기념일 이벤트 쿠폰 등이 있다.

(2) 판촉물 활용

개업, 기념일, 특별 행사 등에 판촉물을 활용하여 업체를 홍보한다. 미용실을 방문하는 고객의 특성을 분석하여 효과적인 판촉물을 준비하고, 업체를 오래 기억하거나 방문의도가 생길 수 있는 제품을 선택한다.

2) 온라인 네트워크 홍보
(1) 업체 웹사이트나 미용 카페, 블로그의 홍보를 위한 키워드 검색은 네이버나 구글, 다음 네이트 등 주요 포털의 키워드 광고 문의를 활용한다.
(2) 스마트폰 동영상 촬영, 디지털카메라 영상 촬영, 동영상 촬영 앱, 무비 메이커 사이트 등 다양한 동영상 제작 기기나 도구를 활용하여 미용업소 홍보용 동영상을 제작한다. 제작한 동영상은 블로그나 카페, SNS에 홍보 영상으로 사용한다.
(3) 소셜커머스(social commerce) 상품 구매 시 SNS 매체를 활용하여 상품을 제공하고 구매하는 방식으로 쿠팡이나 티켓몬스터, 위메프, 스마트스토어, 카카오톡 선물하기 등 다양한 사이트에서 이용권, 할인쿠폰, 케어 프로그램별 헤어 관리 등을 제공하여 쉽게 구매할 수 있도록 한다.

3) QR코드
QR코드(quick response codes)는 바코드의 일종으로 격자무늬의 2차원 형식의 불규칙한 마크로서 고객들이 손쉽고 편리하게 업체정보를 취득할 수 있다. 기존에 사용하던 바코드보다 활용성이 많고 문자도 저장할 수 있다. QR코드 앱을 통해 상품 홍보뿐만 아니라 인증 시스템, 동영상 재생 등 다양한 활용이 가능하다.

4) POP 홍보
POP(point of purchase)란 매장이나 점포 내에서 구매 시점에 고객에게 판매를 촉진하는 홍보 매체로 매장 안의 가격표, POP 글씨 카드, 디스플레이, 포스터, 배너 등이 있다. 뷰티업체에서는 미용실 방문 고객과 동행 고객, 잠재 고객 등에게 자연스럽게 업체의 정보를 제공하고 고객의 구매를 유도할 수 있도록 할 수 있다.

(1) POP의 기능

매장에서 직원을 대신하여 소비자와 상품을 연결시키고 소비자의 필요와 욕구가 구매로 이어질 수 있도록 다음과 같은 역할을 한다.

(가) 매장을 나타내는 광고로서 활용이 가능하며 소비자에게 상품명, 가격, 사용방법 등의 정보를 제공해 준다.

(나) 소비자의 구매 의욕을 높여 수요를 촉진한다.

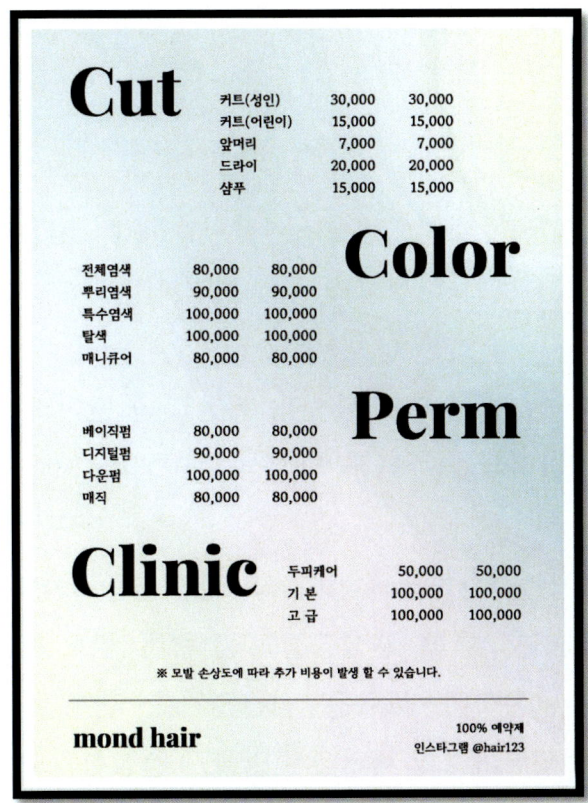 

<POP 샘플>

4. SNS 홍보

1) SNS의 개념
(1) SNS란 공동생활을 영위하는 사람들의 집단이라는 영어단어 'social'과 여러 사람들이 일련의 관계로 모인 관계망을 의미하는 'network'의 합성어로, 소셜 네트워크 서비스(social network service), 즉 사람들이 모이는 관계망을 의미하며 간략히 'SNS'라 부른다. 오늘날 뷰티업계에서는 주요한 홍보 매체로 사용되고 있으며, 과거 오프라인 홍보에 의존하던 형태에서 완전히 탈바꿈하여 대부분 온라인 홍보에 의존하고 있다.

2) SNS 홍보의 특징
(1) SNS 홍보마케팅은 모바일기기가 확산되면서 부각된 고객 커뮤니케이션, 고객관리, 수요 창출을 위한 새로운 홍보와 마케팅의 주된 방법이다.

(2) SNS 홍보는 양방향성과 사회적 상호작용이라는 SNS 특성이 기반이라는 점에서 신문, 잡지, 라디오, TV와 같은 매스미디어와는 다른 차별성이 지닌다.

(3) 이용자들은 SNS 홍보 메시지에 자신들의 의견과 경험을 추가하여 다른 이용자들과 상호작용할 수 있고, SNS를 통해 일상생활과 관련된 정보뿐만 아니라 다양한 콘텐츠의 정보들을 서로 공유하며 새로운 인간관계를 형성할 수 있는 도구로 활용한다. 댓글 또는 리뷰가 업체의 존망을 결정하기도 하므로 홍보매체로서 효과가 높은 반면, 역효과에 대한 고민도 함께 가지고 있다.

(4) SNS는 남녀노소 모두 공간과 시간을 초월한 소통 공간으로 홍보의 주요 공간이지만, 연령대별로 홍보전략은 다르게 기획하고 수행해야 한다.

3) SNS 홍보의 특징

SNS 홍보를 통해 고객과 업체의 친근함과 소통을 원활하게 하고, 신뢰를 통해 비즈니스 가치를 제공하게 된다. 즉 SNS를 통한 커뮤니케이션은 신뢰를 바탕으로 고객과 업체의 안정적인 비즈니스 관계를 지속하기 위한 주요한 요인이다.

(1) 시간과 공간의 제약 없이 실시간 정보 확인이 가능하여 신속한 관리가 가능하다.

(2) 비용 효율성이 높은 정보전달 수단으로 미용인과 같은 소상공인들의 홍보마케팅 측면에서 매우 중요한 매체로 활용성이 높은 장점이 있으나 주기적이고 일관적인 정보전달이 필요한 점에서 운영하는 업체는 이에 해당하는 충분한 시간을 내어야 홍보효과를 높일 수 있다.

(3) 제품이나 서비스의 정보를 확산할 경우 소비자와 소비자 간의 커뮤니케이션을 통해 자발적으로 바이럴 마케팅 효과를 얻을 수 있다.

(4) 소비자와 업체간 1:1 소통이 가능하며, 미디어와 정보기술 활용으로 인해 개별 마케팅이 가능하다.

(5) 일방적인 정보전달이 아닌 양방향 커뮤니케이션이 가능하여 고객과의 관계 구축이 단단하게 이루어질 수 있다.

(6) 고객들의 방문 및 서비스제공에 대한 만족도 등의 정보 분석 후 마케팅 전략 수립 시 활용할 수 있다.

4) 효과적인 SNS 홍보를 위한 유의 사항

(1) 업체의 특징, 분위기 등 컨셉과 연관성 있는 콘텐츠를 제작하여 업로드한다.

(2) 일정한 기간을 정하여 정기적으로 새로운 콘텐츠를 업로드한다.

(3) 업체의 제품 및 서비스 외의 콘텐츠를 통해 긍정적인 이미지를 구축한다.
교육을 받고 있는 모습, 매장관리 모습, 미용 서비스 과정 등의 다양한 모습에 대한 짧은 소개 글과 함께 업로드하여 업체에 대한 좋은 이미지를 구축한다.

(4) 고객의 댓글에 적극적으로 반응한다.

(5) 저작권 및 초상권을 침해하지 않도록 신중하게 콘텐츠를 제작한다.

5) 저작권, 초상권, 개인정보

업체들의 홍보활동에 사용되는 다양한 콘텐츠와 자료 공유 등으로 저작권 및 초상권, 개인정보 침해와 같은 문제가 발생되지 않도록 한다.

(1) 저작권
저작권은 저작물의 대한 저작자의 권리를 말하며, 이를 보호하고 공정한 이용을 도모하여 산업 향상 발전에 이바지함을 목적으로 제정한 법이 저작권법이다.

(2) 초상권
초상권이란 자신의 초상이 허락 없이 촬영되거나 공개 발표되지 않도록 자기 초상에 대한 독점권을 말한다. 미용업소에서는 인터넷, SNS에 홍보물 게시 시 헤어 디자인한 고객에게 홍보 사진 촬영 및 게시물 공개 여부를 사전에 허락을 구하여 초상권을 침해하지 않아야 한다.

(3) 개인정보

개인정보보호법 제2조(정의) 1항에 의하면 개인정보란 살아 있는 개인의 정보로서 성명, 주민등록번호 및 영상 등을 통하여 개인을 알아볼 수 있는 정보를 말한다. 미용업소에서는 고객 상담 카드 작성 및 회원 정보 등록 시 최소한의 개인정보를 수집해야 하며, 개인정보 처리 및 보호에 관한 사항을 사전에 숙지해야 한다.

[뷰티메니지먼트]

Chapter 3. 고객 서비스 Ⅰ
Customer Service Ⅰ

- 고객 서비스 전략

학습목표

1. 미용실에서의 고객유형 분석할 수 있다.

2. 미용실에서의 실제 고객 사례별 응대법을 이해한다.

1. 고객 상담 스킬

(1) 모든 고객을 인간적으로 존중한다.

고객의 외적인 모습과 상관없이 똑같은 사람으로 존중해야 한다.

부자로 보이건 남루해 보이건 혹은 지적으로 보이건 아니건 간에 동일하게 마음으로부터 친절함을 보이며 고객으로 우대해야 한다. 사람은 자신을 대접해주는 상대방에게 호감을 갖는다.

(2) 고객의 다양성을 인정한다.

사람은 누구나 자신의 자라온 환경이나 교육의 수준, 성격, 직업, 심리상태에 따라 가치의 기준이 다르다. 이러한 차이를 인정하지 않고 자신의 주관적인 잣대로 고객을 판단한다면 좋은 상담을 할 수 없다. 고객의 유형을 정확히 파악하고 적절하게 반응하여야 한다.

(3) 항상 긍정적 자세로 고객을 대해야 한다.

미용실을 방문하는 대부분의 사람들은 수준 높은 기술적인 서비스와 더불어 섬세한 인간적인 서비스를 받기 원한다. 뷰티컨설턴트는 물론 다른 직원들까지도 자신들에게 항상 긍정적인 반응을 보여주기를 기대한다.

뷰티컨설턴트는 고객이 미용실을 방문하여 첫 번째로 만나는 사람이다. 만약 이 자리에서 부정적인 자세를 보인다면 고객은 기분이 상하여 더 이상 서비스를 구매하지 않거나 미용실에 머물러 있으려 하지 않을 것이다.

(4) 고객의 언어로 이해시켜야 한다.

기본적으로 상담은 전문가가 비전문가의 문제를 파악하고 해결책을 제시하는데 그 의의가 있다. 그런데 비전문가에게 전문적이고 이해하기 어려운 언어를 사용한다면 고객과 충분한 의사소통이 어려울 것임은 분명하다. 결국 상담은 실패하게 될 것이다. 뷰티컨설팅 역시 헤어스타일 전문가가 고객을 상대로 더 나은 서비스를 제공하기 위하여 상담을 하는 것임으로 고객이 이해하기 쉬운 언어로 상담을 하는 것이 당연하다.

(5) 고객에게 강요하지 말아야 한다.

간혹 고객 상담에서 전문적인 견해임을 앞세워 고객이 반드시 원하지 않음에도 불구하고 강요하는 경우를 볼 수 있다. 이런 경우에 고객은 전문가의 의견이 옳다고 생각하더라도 결코 동의하려 하지 않는다. 이것은 옳고 그름의 문제로 판가름

되지 않고, 고객은 자신이 무시당했다는 오해를 하기 때문이다.

(6) 래포(Rapport)를 형성해야 한다.

래포는 언어적 의미로 살펴보면 정신적 결속 혹은 정신적 유대감이라 할 수 있다. Rapport를 이니셜로 풀이하면 'Really all People Prefer Others Reflecting Themselves - 즉 실제로 모든 사람들은 자기 자신을 받아들여주는 사람을 선호한다.' 라는 뜻을 지니고 있다. 이는 대인관계에서는 반드시 필요한 요소이며 상담자가 갖추어야 할 가장 중요한 조건이기도 하다.

Rapport 만들기

* 잘 듣고 말하기

잘 들어주는 것 즉, 경청은 숙련된 상담자의 우선 조건이다. 사람은 자기의 말을 들어주는 사람을 신뢰하고, 신뢰는 사람과의 유대감을 만들어 내는 필수 요건이다. 주의 깊게 고객의 이야기를 들어준 후에 자신의 의견을 온화하고 이해하기 쉽게 설명한다.

* 비 언어적 표현에 주의하라

대화는 반드시 말이라고 하는 한 가지 수단으로만 이루어 지지 않는다. 우리는 더 많은 의미를 말이 아닌 얼굴의 표정이나 갖가지 제스춰에서 찾아낸다. 비록 말로는 동의를 표하고 있지만 눈빛으로는 의심과 불만을 이야기하기도 하고 고개는 끄덕이고 있지만 몸짓은 다른 생각을 표현하기도 한다. 상대방의 표현들을 주의 깊게 살펴 정말 말하고자 하는 것이 무엇인지 파악하고 반응하는 것이 좋은 래포를 형성하는 지름길이다.

* **고객과 나와의 차이점을 인정하고 반응하라.**

고객이 항상 나와 비슷한 성향을 갖은 사람일 수는 없다. 비슷한 성향을 갖은 사람끼리 만난다면 래포형성은 훨씬 수월할 것이다. 그러나 고객들은 각각의 차이를 갖은 다양한 사람들이다. 생활환경과 직업, 성격의 다양함, 교육의 수준 등도 모두 다르다. 같은 스타일을 대하여도 다른 견해를 갖을 수 있다. 예를 들면 퍼머넌트웨이브에 대하여 한사람은 나이가 들어 보인다는 반응을 다른 한사람은 부드럽고 우아하다는 반응을 보일 수 있다. 이것은 반응하는 사람의 나이와 심리상태 혹은 성격에 따라 다를 수 있다. 그러므로 자신의 견해를 강조하기 전에 상대방의 견해를 먼저 인정하는 것이 인간적 유대감 즉, 래포를 형성하기에 좋은 환경이 되는 것이다

* **고객유형에 따른 래포 만들기**

고객유형에 따라 반응하는 능력이 달라야 고객과의 래포를 만들 수 있다.

우유부단한 고객	마치 엄마처럼 부드럽고 따사롭게 그러나 단호하고 정확하게 반응해야 하다.
강한 성격의 고객	차분하면서도 정중하게 예의를 갖추어서 반응한다.
활기찬 고객	밝고 짜임새 있게 반응한다.

(7) 컨설팅 시간 - 15분~20분을 넘기지 않는다.

너무 짧은 시간을 상담하면 고객은 무성의하다고 하고, 너무 긴 시간을 상담하면 고객은 시간을 낭비한다고 생각한다. 또한 긴 시간의 상담은 지루해 지거나 요점이 흐려지게 되어 상담내용이 쓸데없이 장황하기만 하게 된다. 적당한 시간의 배분으로 긴장감을 늦추지 않고 편안한 상담이 될 수 있도록 배려해야 한다.

2. 시술 전 뷰티 컨설팅

1) 고객의 니즈를 파악하라

고객이 무엇을 원하는지를 파악하기 위해서는 고객이 가지고 있는 문화적 배경과 감성을 파악하는 것이 중요하다. 미용서비스가 제공되기 전에 고객과의 원활한 커뮤니케이션은 실수를 줄이고 고객 만족을 극대화할 수 있는 가장 중요한 요소 중 하나이다.

고객에게 희망하는 미용서비스에 대한 설명을 충분히 듣고 고객의 희망을 확실하게 인식하는 것이 무엇보다 중요하다. 고객은 자신이 원하는 스타일에 대해 막연한 이미지만을 추구하는 경향이 강하다. 또한 원하는 스타일을 만들기 위한 미용시술에 대해 구체적인 생각을 가지지 못하는 경우가 많으므로 다양한 궁금한 점과 의문점을 가지게 된다. 미용사는 전문가이므로 고객이 자세한 이야기를 하지 않는다 하더라도 고객의 마음을 어느 정도는 읽어낼 수 있어야 한다. 그러나 성급한 예측 또한 굉장히 위험한 선택일 수 있다. 고객이 원하는 이미지를 빠르게, 그러나 정확히 파악하는 능력, 이런 능력을 지닌 전문가로서 실수를 최소한으로 줄일 수 있어야 하며 이론적인 전문지식을 바탕으로 정확한 기술을 구사할 수 있어야 한다.

2) 사진, 제품 등 도구를 활용하라

고객과 충분한 대화가 이루어질 수 있도록 하며 사진을 이용한 제품이나 여러 가지 스타일북, 온라인 사이트 등을 활용하여 좀 더 정확한 스타일을 파악하는 방법도 효과적이다.

고객이 잘 이해할 수 있도록 쉽게 설명하며 스타일의 장단점과 함께 필요에 따라 약간의 시술법과 시술자의 제안도 전문인답게 할 수 있어야 한다.

[그림2-1] 다양한 상담 도구

3) 시술과정을 설명하라

예를 들면 미용서비스를 받기 위해 어느 정도의 시간이 소요되는지, 자신이 원하는 이미지가 자신에게 어울리는 선택인지, 비용이 얼마인지, 어떤 미용

시술이 자신에게 적합한지 등의 정보를 고객에게 제공해야 한다.

2. 시술 중 뷰티 컨설팅

1) 두피와 모발을 사전 진단한다.

- 고객의 두피와 모발이 시술메뉴에 적합한지를 진단하고,

- 적당한 제품과 시술과정을 선택한다.

2) 과거 시술경력을 확인한다.

- 시술경력에 따라 시술품목과 과정을 변경할 수 있다.

3) 시술과정을 고객이 인지하도록 한다.

- 중요한 시술 포인트를 중간중간 설명한다.

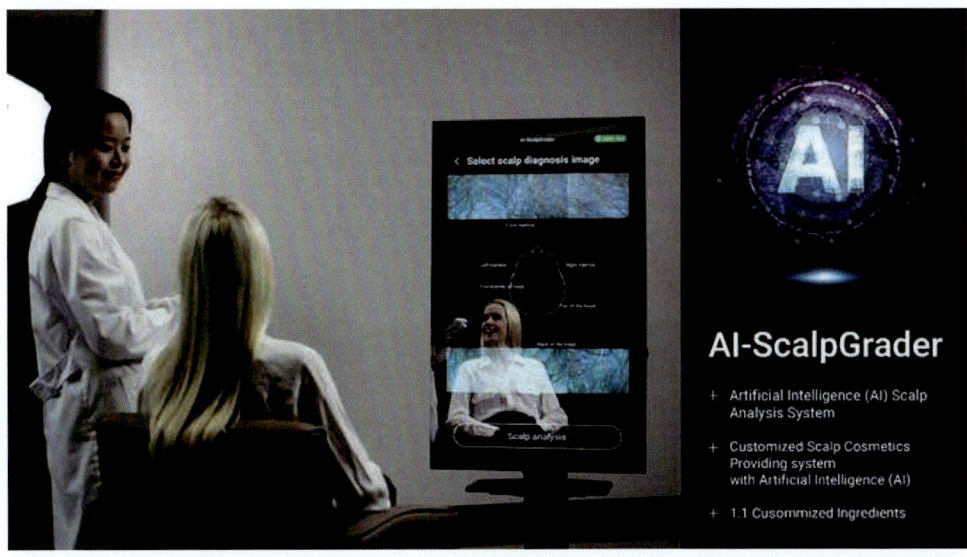

[그림2-2] 모발과 두피진단 (아람휴비스㈜)

※ 헤어 컷트 시술시 고려해야 할 사항

* 최근에 컷트한 시기

* 얼굴형과 헤어라인의 모양

* 원하는 스타일 이미지와 목적

* 두피와 모발의 상태 - 모발의 탄성력, 다공성

- 모발의 볼륨을 강조해야 하는 연모

- 테이퍼링으로 질감을 처리해야 하는 경모

※ 헤어 컬러 시술시 고려해야 할 사항

* 염색의 목적(흰머리 커버, 디자인 컬러, 브릿치 등)

* 원래의 모발 색

* 과거의 시술 사항

* 원하는 디자인의 색상과 얼굴색의 조화

* 두피와 모발의 상태 - 컬러의 흡수능력을

고려한 모발의 탄성과 다공성

- 패치 테스트

※ 헤어 퍼머넌트 시술시 고려해야 할 사항

* 펌의 목적

* 과거의 시술 사항

* 원하는 웨이브의 상태(굵기, 모양 등)

* 두피와 모발의 상태 - 펌제의 선택을 위한 모발의 다공성과 탄력성

3. 시술 후 뷰티 컨설팅

1) 미용시술 후 시술내용과 스타일에 대한 설명 및 만족도를 체크한다.

고객의 만족도에 가장 큰 영향을 주는 것은 결국 완성된 스타일에 대한 만족도이다. 뿐만 아니라 다음 번에 미용실을 다시 찾을 때까지 얼마나 자신의 모습이 손질하기 편하게 아름답게 유지되는가 하는 것이 고객 만족도에 큰 영향을 줄 것이다.

2) 고객에게 아름다운 스타일을 유지할 수 있는 홈 케어에 대한 자세한 설명과 스타일 유지에 도움을 주는 제품을 소개한다.

고객이 돌아가서도 살롱에서 동일하게 스타일을 할 수 있도록 제품 사용과 손질하기 편안한 방법을 구체적으로 이해할 수 있게 설명하면서 보여 주어야만 한다.

3) 다음 내점 시기를 안내하고 지속적인 관리와 서비스제공에 대한 관심을 표현하여 단골고객으로 유지될 수 있도록 노력한다.

고객에게 다음 방문일정을 예측하도록 하는 것은 약간의 의무감을 갖도록 하는 것이므로 고정고객유치에 도움이 되며 자신에게 관심을 보이는 것으로 받아들이게 한다.

[뷰티메니지먼트]

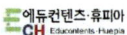

[뷰티메니지먼트]

Chapter 4. 고객서비스 Ⅱ

Customer Service Ⅱ

- 고객 만족 서비스 전략

학습목표

1. 고객만족의 요소를 이해할 수 있다.

2. 고객만족과 충성도의 효과를 위한 서비스를 제공할 수 있다.

3. 고객 감동 서비스의 요소를 이해한다.

4. 서비스 품질요인에 대하여 학습한다.

1. 고객만족

고객 만족은 소비경험 결과적 관점과 과정 중심적 관점으로 나누어 이해할 수 있는데, 전자는 고객이 지불한 대가에 대한 보상이 적절 혹은 부적절하다고 느끼는 결과를 보는 관점이고. 과정 중심적 관점은 각 단계의 고유한 요소들을 측정하여 고객만족으로 이어지는 것으로 예를 들면 전반적인 만족도, 제품에 대한 만족도, 사후처치 만족도, 접점직원에 대한 만족도 등이 있다.

미용실을 이용하는 고객의 만족도는 충성도에 영향을 미치며 충성도는 재방문률로 파악하는 지수이다. 특히, 남성고객들의 만족도가 주목되는데 남성고객은 만족도가 높지 않아도 충성도가 높은 경우가 상대적으로 여성고객보다 높다. 그 이유로는 다른 미용실로 옮겼을 때 발생하는 리스크(위험요소)를 줄이기 싶은 심리적 요인에서 발생한다. 이에 반해 여성고객은 만족도가 높아도 충성도가 남성고객보다 낮게 나타나는데 이는 새로운 탐색에 민감한 특성 때문인 것으로 연구되었다(유은희, 2015, 미용실 고객의 심리적 변인에 따른 만족도 연구).

1) 고객 기대보다 서비스의 품질이 낮을 때

- 고객은 불쾌하고 실망하게 되며, 경쟁 서비스업체로 이탈이 생긴다

- 고객의 불만족에 신속하게 대응하여 해결해 주면 신뢰감을 회복하게 되고 오히려 선호도가 높아지나, 대응이 느리면 상품 자체뿐 아니라 기업에 대한

불만을 가지게 되고 다른 고객들에게도 좋지 못한 영향을 주게 된다.

2) 고객 기대와 서비스 품질이 동일할 때

고객은 마땅한 대체 상품이 없는 경우 반복구매를 하게 된다. 하지만 언제라도 고객의 욕구를 자극하는 대체상품이 있는 경우에는 떠날 수 있는 고객이다.

3) 고객 기대보다 서비스 품질이 높을 때

- 고객의 반복구매가 일어나게 된다
- 고객의 충성도가 높아진다.

2. 고객만족 효과

1) 재 구매 고객의 창출

서비스에 만족한 고객은 충성도를 갖게 되므로 한 번 맺게 된 관계가 오래 유지될 수 있는 가능성이 높다. 신규고객 확보보다 기존고객의 재 구매나 반복 구매 시 이익극대화가 가능해지므로 재 구매 고객을 다수 확보할 수 있도록 해야 한다.

2) 비용 절감

신규고객확보는 많은 노력이 필요하지만, 만족한 고객의 재 구매나 반복구매를 하게 되면 판매비, 광고비 등이 절감된다. 또한 고객의 욕구와 기대치를 예측하여 불필요한 지출을 감소시킬 수 있는 장점이 있고, 이미 만족을 한 고객은 가격에 민감하지 않기 때문에 더 많은 이익을 창출할 수 있다.

3) 광고의 극대화

만족한 고객은 구전(word of mouth)을 통해 광고효과를 극대화한다. 만족한 고객은 4~5명 이상에게 홍보하며 불만족한 고객은 9~10명 이상에게 자신의 체험을 전하는 효과가 있다는 통계가 사용된다. 구전은 이처럼 빠른 전파성과 신뢰감을 가지고 있으며 실제 미용실 고객 중 상당부분의 고객이 구전홍보로 방문한다. 오늘날 소셜 미디어의 홍보로 업체를 방문하는 경우가 매우 많아졌으나 신뢰성 측면에서는 실체 체험담을 소재로 하는 구전홍보가 우월하다고 볼 수 있다.

3. 감동을 주는 서비스

- "내가 먼저"의 정신이 필요

- 손님과의 눈 맞춤이 자연스런 표정연출이 중요

- 서비스는 행동(Action)이다.

- 손님에게 감동을 주는 서비스를 위하여 눈과 입을 사용하라.

- 컴플레인을 손님이 주는 선물로 생각하라.

- 잔소리를 해주는 손님이 진정한 고객이다.

4. 서비스 품질 평가요인

1) 기대되는 서비스에 영향을 미치는 요인

고객의 기대를 형성하는데 기여하는 핵심 요인들은 구전, 개인적 욕구, 과거경험, 외적 커뮤니케이션 등으로 정의된다.

(1) 구전

경험자로부터 서비스 구매 경험에 대한 구전이 비 경험자들에게 매우 큰 영향을 미치게 된다.

(2) 개인적 욕구

매우 다양한 고객의 욕구를 충족시키는 것은 어려워지고 있다.

고객의 욕구에 대해 보다 세분화된 서비스를 기대한다.

(3) 과거경험

자신의 과거경험을 현재의 상황에서의 정보와 결합시켜 결정하게 된다.

(4) 외적 커뮤니케이션

서비스 기업이 고객에게 전달하는 직접 혹은 간접적인 메시지들이 모두 포함된다. 인쇄광고물, 전파 광고, 안내책자 등이 포함된다.

2) 지각된 서비스에 영향을 미치는 요인

(1) 물질적, 기술적 자원

기업이 보유하고 있는 시설, 장비, 도구와 이것을 운용하는 지식이나 기술을 말한다.

(2) 대 고객 접촉요원

고객을 접한 요원의 행동이나 태도에 따라 고객들은 제공되는 서비스를 다르게 지각한다.

(3) 참여고객

참여고객의 개인적 특성에 따라서도 지각된 서비스는 달라진다.

5. 고객만족도 결정 9요소

1) 신뢰성　　　2) 신속성　　　3) 정확성

4) 커뮤니케이션　5) 태도　　　6) 안전성

7) 고객이해　　8) 편의성　　　9) 환경

<표 5-1> Service Key Word(고객서비스 품질향상)

S (Sincerity)	성의, 스피드, 스마일이 넘치는 서비스, 진심으로
E (Energy)	생생한 힘이 넘치는 서비스, 생동감 있는
R (Revolutionary)	언제나 새로운 것을 신선하게 제공하는 서비스, 현실적으로
V (Valuable)	고객에게 매우 가치 있는 서비스
I (Impressive)	감명 깊은 서비스, 인상적으로
C (Communication)	커뮤니케이션이 있는 서비스
E (Entertain)	사려 깊은 배려가 있는 서비스
* 서비스는 머리로 하는 것이 아니라 마음에서 행동으로 이루어져야 한다.	
* 진심에서 우러나오는 서비스는 고객서비스 품질향상의 원천이다.	

<표 5-2> 고객의 모습과 변화되어야 할 우리의 모습

고객	과거의 나	미래의 나
고객은 자신의 욕구가 우선 해결되기를 바라는 사람이다.	어디 고객이 당신 하나뿐이야?	
고객은 항상 부드럽고 신속하게 대접받기를 원한다.	회사 규정이 이런데 뭐,,,	
고객은 세심하고 친절한 관심이 자신에게 주어지기 바란다.	잘 알지도 못하면서 되게 성가시게 구네.	
고객은 다양한 서비스를 요구한다.	상담만 해주면 됐지, 이렇게 요구사항이 많아?	
고객은 항상 경제적 최상의 서비스를 기대한다.	이정도 되는 곳이 어디 있다고 이 난리냐?	
고객은 다른 경쟁자와 우리를 비교한다.	그 곳이 더 좋으면 그곳으로 가지, 왜 왔어?	
고객은 청결한 환경을 좋아한다.	화장실이 지저분하다고? 일은 집에서 보고 와야지	
고객은 알고 싶어 한다.	늦는다고 해봐야 소용없어, 기다리면 돼	
고객은 믿음직스런 행동을 가장 신뢰한다.	나는 내 일만하면 돼. 미리 알려 달라고? 어디 한두 손님이어야지,	

[뷰티메니지먼트]

Chapter 5. 고객 서비스 Ⅲ

Customer Service Ⅲ

- 고객 컴플레인 해소 전략

학습목표

1. 컴플레인의 중요성을 이해한다.
2. 컴플레인에 따른 고객의 심리를 분석한다.
3. 컴플레인 처리 시 올바른 커뮤니케이션의 역할을 이해한다.
4. 상황별 컴플레인 처리 방법을 학습한다

♣ 불만을 가진 고객의 4%만이 실제로 불만을 제기한다.

나머지 96%는 화가 난 채로 돌아선다.

♣ 어떤 불만이 접수되면

같은 불만을 가진 고객이 평균 26명은 더 있다는 뜻이다.

그 중 6명은 심각한 불만을 가지고 있다.

♣ 불만을 제기한 고객 중 56~70%는 불만이 해소되면 다시 찾아온다.

회사가 신속하게 대처한다면 96%까지도 가능하다.

♣불만이 있는 고객은 그것을 평균 9~10명에게 이야기한다.

20명이 넘는 사람에게 이야기하는 고객도 13%나 된다.

♣ 불만이 해소된 고객은 그것을 평균 5~6명에게 이야기한다.

1. 컴플레인에 대한 이해

오해의 60%는 잘못된 경청태도에서 생겨난다. 단지 1%의 오해만이 잘못된 문서에서 기인한다. 그러므로 비록 요구사항 자체가 해결되지 않더라도 상대의 불만, 갈등을 잘 들어주는 것만으로 불만의 90%는 해소될 수 있다.
왜냐하면, 고객은 불만을 꼭 해결해 주길 바라는 것이 아니라 자신의 속상한 마음을 알아주기를 바라는 것이 더 크기 때문이다. 해결보다 불만을 들어주는 것이 고객을 대우해주는 것이요, 고객의 마음을 풀어주는 것이다.

불평을 표현하는 고객의 속마음은...

* 자신이 정당한 불만을 갖고 있다는 것에 대한 인정을 받고 싶어 한다.

* 잘못된 부분에 대한 정확한 설명을 듣고 싶다

* 정중한 사과와 정당한 보상을 받고 싶다

* 앞으로 잘 할 것이라는 다짐을 받고 싶다

2. 컴플레인 처리의 중요성

아무리 열심히 노력하고 있다 하더라도 점포의 상품과 서비스에 대해서 취향과 사고방식이 각기 다른 손님들이 느끼는 만족도는 아주 다르게 나타난다. 따라서 부족한 점에 대해서는 솔직히 사과하는 것이 최선이다. 모든 고객에게 100% 만족을 시킬 수는 없기 때문에 고객의 불만을 어떻게 관리하느냐가 관건이다. 불만을 어떻게 관리하느냐에 따라 고객을 붙잡을 수도 있고 또 다른 불만 고객을 양산할 수도 있다. 또한 손님의 지식 부족과 착각에서 발생하는 컴플레인도 있는데 이럴 때는 상대가 부끄럽게 느끼지 않도록 하는 배려가 필요하다.

컴플레인을 제대로 처리함으로써 점포의 이미지를 향상시킬 수 있으며, 컴플레인을 통해 손님과 보다 밀접한 커뮤니케이션을 가질 수 있다. 그러므로 컴플레인은 고객을 보다 잘 이해해 가는 과정에서 생기는 찬스라고 생각하는 것이 좋다. 왜냐하면 손님에 대한 깊은 이해가 서비스의 시작점이기 때문이다.

컴플레인의 긍정적인 면은 바로 불만을 토로하는 고객의 중요성이다. 불평하는 고객은 매우 고마운 사람이다. 왜냐하면 서비스상의 문제를 발견할 수 있는 기회를 주어 다른 고객이 같은 불만을 느껴 떠나가는 것을 막을 수 있기 때문이다. 컴플레인을 단순히 손님의 불평이나 자신의 마이너스요인으로 받아들이지 않고 회사가 발전하기 위한 귀한 정보로 받아들인다. 10명의 불만고객은 120~200명에게까지 자신의 불만을 전파할 수 있다는 것을 생각해보면 불만고객을 통해 사전에 문제를 파악하여 교정할 수 있다는 것은 정말 다행스런 일이다. 무엇보다 1 차적으로 고객의 불만을 처리할 수 있는 기회를 갖게 되므로 차후에 더욱 커질 수 있는 불만처리에 소요되는 시간과 법적인 비용을 절약할 수 있다.

 일반적으로 만족하였을 경우의 재 구매율은 76%
 보통일 경우의 재 구매율은 40%
 그러나 불만이 해결되었을 경우의 재 구매율은 무려 91%나 된다.

불만고객을 잘 응대하면 그 고객으로 인해 발생할 수 있는 좋지 못한 평판을 차단할 수 있을 뿐 아니라, 더 나아가 불평이 만족스럽게 해결된 고객인 경우 오히려 충성고객으로 만들 수가 있다. 이는 불만고객은 충성스런 고객이 될 가능성이 더 높은 절호의 기회를 준다는 것인데 불평하는 고객은 무엇인가 관계 개선을 원하는 심리가 있기 때문에 이에 대한 충족이 이루어진다면 오히려 충성도가 더욱 높아지는 고객이 될 수 있는 것이다.

3. 컴플레인이 발생하는 여러 가지 요인

1) 심리적인 요인

고객 불만의 요인으로는 실제적인 시술의 완성도에 상관없이 고객의 현재 컨디션에 의해 고객 만족도가 결정되는 경우가 많으므로 시술자는 먼저 고객의 심리상태 즉, 고객이 어떠한 기준으로 스타일을 결정했으며 무엇 때문에 자신의 스타일을 바꾸고 싶어 하는지 혹은 어떠한 방법을 사용하기를 원하는지, 고객의 성격이 외향적인지 내향적인지를 짧은 시간 안에 간파해야만 한다. 아무리 훌륭한 시술을 하였다 해도 그것이 고객의 심리적인 요인을 만족시킬 수 없다면 그것은 실패한 시술일 수밖에 없다.
그것은 미용서비스는 몸과 마음을 동시에 만족시켜야 하는 인간을 대상으로 하기 때문이다.

2) 서비스의 요인

일반적인 불만 요인으로 가장 많은 빈도수를 차지하는 불만요인이다. 시술자의 기술의 난이도에 상관없이 고객에게 친절함과 겸손함을 다하지 않았다면 역시 고객 불만의 요인으로 작용한다.
흔히, 기술은 높은 수준이 아니지만 고객을 많이 보유한 시술자들을 보면 그들은 좋은 매너와 성실함을 반드시 갖추고 있음을 알 수 있다. 이는 고객은 특별한 기술을 원하지만 좋은 매너와 편안함과 자신을 성실히 대해준다면 수준 높은 기술보다는 인간적인 시술자를 택한다는 것을 보여준다. 반대로 누구나 인정할 만한 기술을 보유했으나 보다 적은 고객만을 갖고 있는 시술자들은 거만함과 자기우월감을 내보이는 특성을 갖고 있음을 볼 수 있다.

3) 기술적인 요인

기술적인 요인은 경험과 교육의 부재로 나타나는 전형적인 불만요인이다. 흔히 초보자들에게 나타나며 시술자 자신의 마인드 컨트롤 능력이 낮은 사람에게도 나타난다. 기술적인 불만요인은 가장 고치기 쉬운 요인이긴 하지만 시간과 노력을 요구하므로 자신의 직업에 대한 철저한 성찰이 필요하다. 적절한 노력의 대가를 받고 일을 하는 전문가로서 자부심과 의무감을 느끼고 최선을 다한다면 해소될 수 있는 요인이며 반드시 해소시켜야 하는 요인이다.

4. 컴플레인 처리 과정

고객 불만을 처리하려면 상황의 정확한 판단과 재빠른 대응이 필요하다. 또한 상황에 맞는 적절한 논리적 지식을 습득하고 상담자 스스로 확신이 있어야 고객과 원활한 의사소통을 할 수 있다.

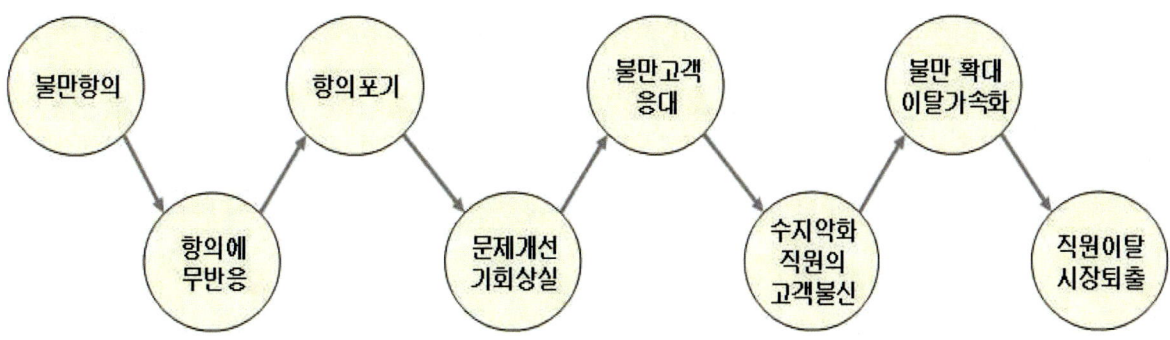

[그림6-1] 고객 불만 항의와 이탈과정

5. 불평하는 고객 응대의 기본요령

1) 불만고객 응대 방법 9단계

불만고객을 응대할 때에는 [그림6-1]의 9단계를 거치면 조금 원활하게 불만 고객을 응대할 수 있다. 그러나 이것이 정답은 아니다. 상황에 따라 고객에 따라 응대하는 방법이 달라져야 하는데 신입의 경우 노련한 서비스 프로처럼 대처할 수 없으므로 위의 방법을 이용하면 불만 고객을 발길을 끊는 고객으로 만들지는 않을 것이다.

2) 컴플레인에 대응하는 여러 가지 기법

　깍듯한 예우를 갖춰 더 이상의 흠을 잡히지 말아야 한다.
- 논쟁은 절대 금물
- 틀린 주장에 대해서도 인내하며 경청하고 온화하게 대한다.
- 변명이 아닌 설명을 한다.
- 불평사항을 메모한다.

- 사무적인 사과가 되지 않도록 정중히 사과한다.
- 금전적으로 변상이 따라야 할 경우에도 기꺼이 응대해야 한다.

MTP 기법

man - 응대하는 사람을 바꿔준다.
time - 시간을 바꿔준다.
place - 장소를 바꿔준다.

① 사람을 바꾼다.

불만고객을 다른 장소로 안내한 뒤 따뜻한 물을 권해 시간이 조금 지났다면 (그러나 너무 기다리는 것은 고객을 오히려 더 화나게 한다), 처음 고객이 불만을 터뜨린 직원보다는 다른 직원이 불만고객을 응대하는 것이 좋다. 사람은 누구나 대우를 받고 싶어 하는 심리가 있다. 특히 컴플레인이 걸린 상황이라면 더욱 자신이 소중하게 생각되어진다는 것을 강조해 줄 필요가 있다. 그러므로 불만에 직접 관여된 직원보다는 바로 그 위의 상관이 대응해 주는 것이 더욱 원활한 응대를 진행할 수 있다.

② 시간을 바꾼다.

불만고객에게는 우선 따뜻한 차를 대접한다. 화가 났을 때 찬물을 주면 고객의 화가 더 가라앉지 않는다. 예를 들어 이런 소리도 들을 수 있다. "아니 지금 나보고 냉수 먹고 속 차리라는 거야 뭐야?" 이럴 때는 기분을 가라앉힐 수 있는 따뜻한 물을 권하고 "잠시만 기다려 주시면 고객님의 문제를 해결해드리겠습니다."와 같은 멘트로 고객을 일단 진정시킨다. 그런 후 고객의 기분이 가라앉기를 기다려 시간을 벌어보자.

③ 장소를 바꾼다.

고객이 불만을 제기하기 시작하면 말도 안 되는 것까지도 트집을 잡기 마련이다. 그런 고객을 계속해서 다른 고객이 많은 곳에 방치한다면 다른 고객의 불만까지 터져 나오게 된다. 예를 들어 한 고객이 너무 많은 시간을 기다렸다고 불만을 터트리기 시작했다. 그렇다면 옆에서 이 상황을 지켜보는 고객은 "아니 나도 1시간이나 기다렸는데 도대체 여긴 일을 하기는 하는 거야?"또는 "그러게 사람 말이 맞아 도대체 여긴 오기만 하면 1시간은 기본적으로 기다려야 한다니까"라는 불만이 생긴다는 것이다. 이럴 때는 불만고객을 다른 고객이 없는 곳으로 안내하여 자리에 앉혀주는 것이 좋다. 화가 나는 것도 모자라 서있어 다리까지 아프다면 고객은 더 화가 날 것이기 때문이다. 그러므로 고객을 최대한 편안한 분위기에서 컴플레인을 처리해야 한다.

HEAT 기법

hear them out (끝까지 들어라)

고객의 불만사항을 다 들어준다. 중간에 변명을 하거나 건성이거나 불성실한 태도는 불에 기름을 붓는 격이다.

empathize (감정이입을 하라)

고객의 분노를 깊이 공감해 준다. 고객의 불만을 충분히 들어준다. 이때 가급적 선입견을 버리고 관심을 기울여 듣는다. 그리고 중요한 사항은 메모하면서 듣는다.

apologize (사과하라)

정중하게 사과한다.
EX) 불편을 끼쳐드려 정말 죄송합니다.

take responsibility (책임을 지다)

문제의 해결책을 검토한다. 그리고 자신이 파악한 문제의 원인이 맞는지 고객과 확인한다. 그러나 문제의 해결이 자신의 권한 밖인 경우에는 먼저 살롱측의 정책과 입장을 확인하고 처리해야 한다. 모든 대응은 최대한 신속하고 친절하게 해결책을 제시해야 한다. 그리고 해결책의 내용과 효과를 알기 쉽게 설명한다.

EX) 좋은 생각이 있으시면 이야기해 주시겠습니까?
저는 ~~를 권해드리고 싶습니다.
말씀해 주신대로 처리하겠습니다.
이해해 주셔서 감사합니다.

6. 불만고객의 반응 행동 유형

고객을 분류한다는 것은 사실상 어려운 일이지만 굳이 분류를 말한다면 4가지 부류로 분류해 볼 수 있다.

A그룹 : 가장 다혈질의 성격을 가진 집단으로 빨리 화를 내는 만큼 화도 빨리 식는다. 이런 고객은 장소만 옮겨주고 시간을 주면 빨리 가라 앉는다.

B그룹 : 사교적인 성격을 가지고 있고 유머러스하지만 화를 내기 시작하면 자제를 하지 못하고 인신공격을 가장 많이 하는 집단이다. 무조건 들어주는 것이 좋다. 가장 말이 많은 고객 유형

C그룹 : 평소에도 온화한 성격을 띠고 있다. 화가 나거나 불만이 있어도 말을 잘 하지 않는 편이지만 일단 화가 나 불만을 제기하기 시작하면 끝까지 해결을 보고 마는 유형이다. 이들은 간혹 단골 고객처럼 행세하다가도 발길을 딱 끊어버리는 경우가 많다. 불만이 무엇인지 항시 파악할 수 있어야 한다.

D그룹 : 화가 났을 때 가장 무서운 유형이 바로 이러한 성격을 내보이는 고객이다. 이런 고객들은 화가 나면 화가 난 이유부터 시작해 무엇이 불만이고 또는 그 내용까지도 조목조목 따져 서비스 제공자가 전문가라 할지라도 당해내기 어렵다. 가장 많은 정보를 가지고 있으면서 상대의 약점을 잘 알고 있고 또한 소리도 높이지 않으면서 자신이 원하는 문제에 정확하게 파고든다. 이런 고객이 화를 내지 않고 집으로 그냥 돌아갔다면 다음날 인터넷에 불만사항이 유포될 수도 있다. 이런 고객은 정확한 정보를 가지고 조금 시간 적 여유를 주면서 응대하는 것이 가장 현명한 방법이다.

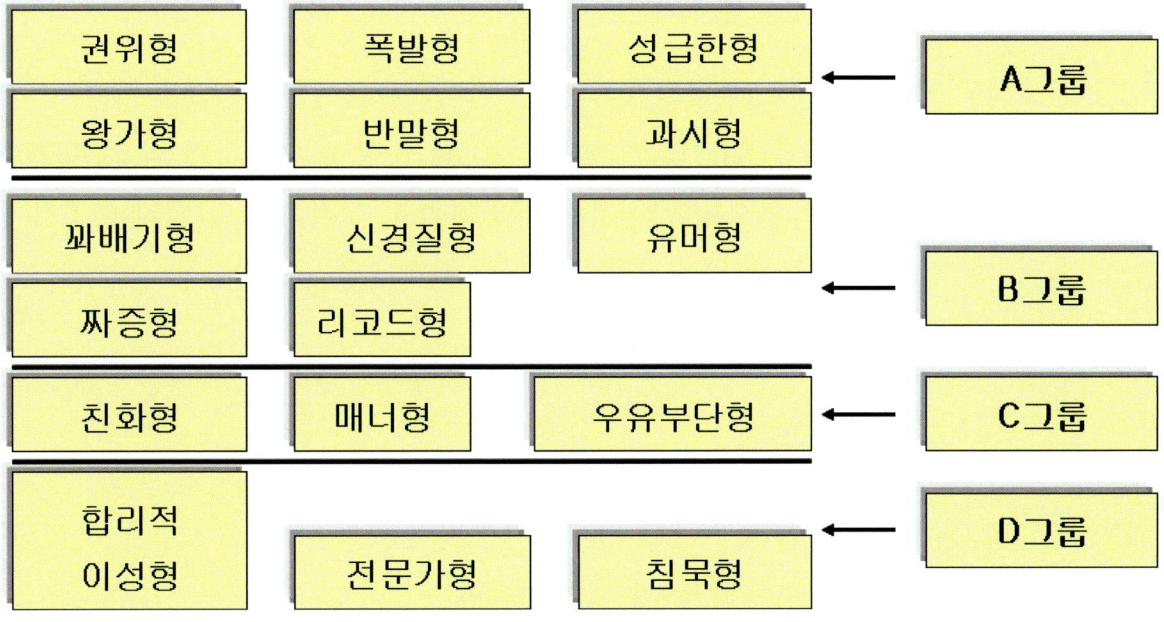

[그림 6-2] 불만고객의 행동유형

7. 불만 처리 시 금기사항

- 기다리게 한다.

- 하찮게 생각한다.

- 무조건 미소 짓는다.

- 책임을 전가/회피한다.

- 목소리를 같이 높인다.

- 이야기 도중에 끼어든다.

- 계속 서 있게 한다.

- 대중 앞에서 떠들도록 허용한다.

고객을 사랑하는 사람이라고 생각하면 더 쉽게 이해할 수 있을 것이다. 사랑하는 사람이 나를 기다리게 한다면, 나를 하찮게 여긴다면 나의 기분은 어떻게 되겠는가? 고객을 사랑하는 사람이라고 생각하자. 그렇다면 오늘부터 무언가 달라져도 많이 달라질 것이다.

불만고객응대 시 위험한 말

- 부정적의 말 → (~없어요. ~ 안되요. ~몰라요)

- 무시하는 말 → (기다리세요. ~)

- 핑계의 말 → (그건 제 담당이 아니예요!)

- 책임 회피의 말 → (그건 제 담당이 아니예요!)

- 권위 위주의 말 → (제가 하라는 대로 하세요!)

- 따지는 말 → (그건 고객님 잘못이지요!)

- 냉정의 말 → (근무시간 끝났어요)

Unit Ⅱ. Beauty consulting

판매는 판매자의 욕구에 초점을 두고,
마케팅은 구매자의 욕구에 초점을 둔다.
Selling focuses on the needs of the seller,
Marketing on the needs of the buyer.

Chapter 1.
미용실 컨설팅 사례연구
Hair salon Consulting

> 최고의 광고는 만족한 고객에 의해 이루어진다.
>
> The best advertising is done by satisfied customers.

1. 미용실컨설팅Ⅱ – 고객서비스

미용실 컨설팅Ⅱ
-고객서비스

고객명	사업장명	컨설팅 분야	컨설턴트 명	컨설팅 기간	보고서 등록일
강**	온리*	고객서비스	유**	2024.08.22	2024.08.24

Ⅰ. 컨설팅 기본 정보

1. 신청인 정보

성명	강**	연령 / 성별	31/남
주요 경력	실무경력 7년/미용과졸업	e-mail	

2. 업체 정보

업체명	온리*	업태 / 종목	서비스/이.미용/ 네일아트
사업장 주소	(31078) 충청남도 천안시 서북구 성성8로	사업자등록번호	000-00-00000
창업(예정)일	2020-10-22	면적	56.1m²
영업시간	10:00~20:00	종업원 수	5명
사업 아이템	이.미용		

3. 신청인 요청사항

요청분야	고객서비스, 직원관리
요청내용	- 효과적인 기존 고객관리를 통한 매출증대 전략 - 경영성과를 높일 수 있는 직원관리 방법

II. 신청분야 현황 분석

1. 신청인 요청사항

- ✓ 수진업체(대표자 강**)는 미용과 졸업후 대형프랜차이즈미용실(리챠드프로헤어, 찰스리헤어)를 거쳐 2020년 현위치에 창업..
- ✓ 2023년6월 2호점 오픈했으나 아직 활성화 상태는 아님. 1호점이 높은 임대료 대비 매장이 협소하고 2호점이 도보 800M 거리에 소재함으로 1호점을 매각하고 2호점만 운영하는 방안을 고려중임.
- ✓ 1호점 매각시 보유고객 유지 전략 컨설팅요청
- ✓ 직원 활용방안 컨설팅 요청
- ✓ 홍보및 매장관리를 위한 매니저 채용하였으나 효과 미흡하므로 활용방안 요청.

현 사업장 1호점 내.외부 현황

현 사업장 2호점 내.외부 현황

II. 신청분야 현황 분야

2. 신청분야 현황 진단

2-1 사업자 역량분석

- (경력) 동종 업종경력7년, 대형프랜차이즈 디자이너 경력4년 현 위치 4년째 사업운영중이며 2호점 오픈.
- (지식) 미용과 졸업. 헤어디자인 전공.
- (기술) 종합미용면허 보유.

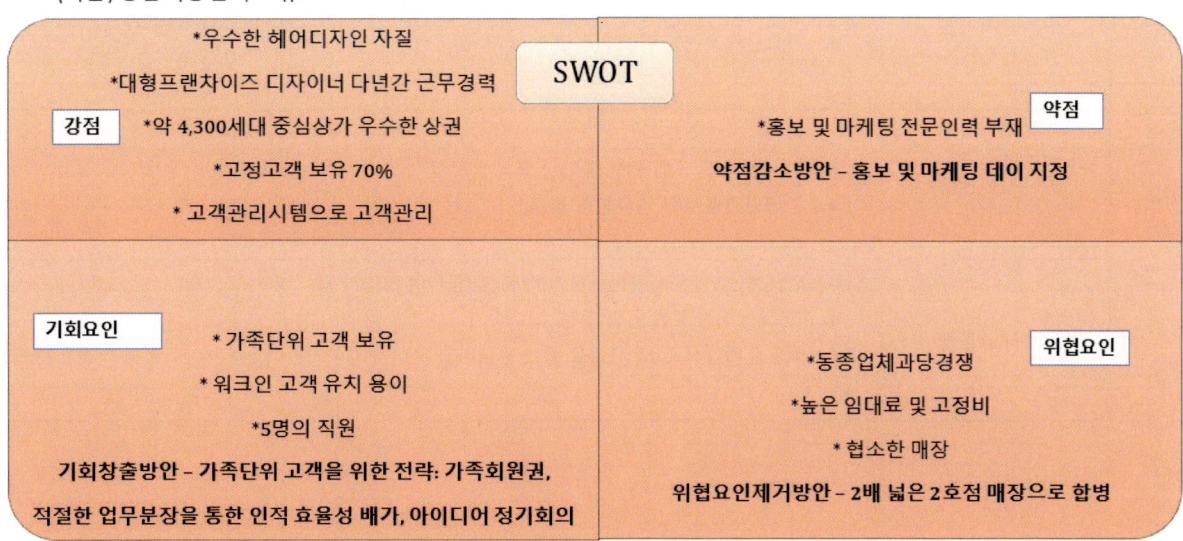

	SWOT	
강점 *우수한 헤어디자인 자질 *대형프랜차이즈 디자이너 다년간 근무경력 *약 4,300세대 중심상가 우수한 상권 *고정고객 보유 70% *고객관리시템으로 고객관리		**약점** *홍보 및 마케팅 전문인력 부재 약점감소방안 – 홍보 및 마케팅 데이 지정
기회요인 *가족단위 고객 보유 *워크인 고객 유치 용이 *5명의 직원 기회창출방안 – 가족단위 고객을 위한 전략: 가족회원권, 적절한 업무분장을 통한 인적 효율성 배가, 아이디어 정기회의		**위협요인** *동종업체과당경쟁 *높은 임대료 및 고정비 *협소한 매장 위협요인제거방안 – 2배 넓은 2호점 매장으로 합병

II. 신청분야 현황 분야

2. 신청분야 현황 진단

2-2 매출 및 경쟁력 분석

- (매출) 수진업체의 월평균매출은 2024년 4월기준 약3,000만원이며, 총이익은 약1,000만원로 분석됨(대표자 상담).
- (경쟁업체) 2023년 11월 기준 반경 500m 이내에 21개 업체 경쟁중으로 분석되었으나 실제로는 수진업체 반경 250M이내에 집중되어 있는 것으로 파악됨
- (경쟁력) 경쟁업체의 2024년53월기준 월평균매출은 722만원으로 나타났으며, 반면 수진업체의 월 평균매출은 2천만원으로 조사되어 경쟁업체보다 약 177% 많은 것으로 분석됨.

경쟁업체 현황

매출분석

업소수 추이

III. 신청업체(분야) 취약점

진단분야	현황 및 취약점
고객관리	● 고객시스템 활용 중 ● 가족단위고객을 위한 마케팅 전략 부족
직원관리	● 매니저 제도 도입 활용 중이나 효과 불확실 ● 경영성과를 위한 업무분장 필요
매장관리	● 1호점과 2호점 동시운영으로 임대료, 직원 급여 지출 부담. ● 효과적인 매장 통합 운영 고민. ● 1호점을 매각하고 2호점으로 통합 운영하고자 하나 계약기간이 2년간 남아있어 어려운 현황.

IV. 취약점에 대한 개선방안 및 기대효과

분야	개선방안	기대효과
고객관리	➢ 페밀리 회원권 도입 ➢ 가족행사 지원 프로모션	▪ 고정고객 확보 ▪ 바이럴마케팅 효과 ▪ 매출증대
직원관리	➢ 매니저의 능력보강: 온라인 홍보 스킬 역량강화 ➢ 직원별 주요업무와 부가업무분장 - 디자이너 : 개별 보유고객 관리 및 분석 - 인턴 : 온라인 홍보물 업로드 - 월별 우수 직원선정 시상	▪ 효율적인 고객관리 ▪ 정기적인 홍보물 업로드 ▪ 직원들이 경영참여 효과 ▪ 직원 충성도 향상 ▪ 매출증대
매장관리	➢ 1호점 고객을 2호점으로 이동할 수 있는 전략실행 - 요일제 근무: 1호점과 2호점의 거리가 도보800M이내로 1호점 고객이 2호점으로 방문가능하므로 디자이너들이 요일제로 각 호점에 이동 근무하여 고객을 유도. - 2호점의 프로모션을 확대하여 고객 유도.	▪ 1호점 고객이탈방지 ▪ 직원통합운영으로 인건비 감축효과 ▪ 임대료 감축

V. 고객 실행 과제

1. 가족단위 고객을 위한 혜택 제공

1) 가족단위 회원권도입:

- 대부분의 미용실에서 적용하고 있는 마케팅전략으로 가족단위 고객뿐만 아니라 고정고객 확보에 유리함.
- 경대코너에 스티커 형태로 부착하면 고객이 스스로 구매하는 확률이 높아짐.
- 할인률과 금액의 크기는 업체에 맞게 조정

페밀리 회원권 예시

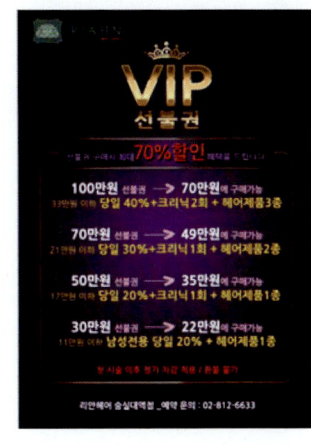

V. 고객 실행 과제

2) 가족행사지원프로모션

(1) 결혼기념일 고객 할인 및 선물
- 고객에게 소중한 날을 기억하고 있다는 심리를 제공해 업체 선호도 향상.
- 기념일 당일 10시에 발송되도록 예약 필수 / 기프트콘 혹은 할인쿠폰 발송
- 선물은 고객의 특성에 맞게 사용하는 제품 또는 저렴하지만 누구나 선호하는 제품으로 선정. 예) 헤어 에센스, 아로마수제비누 등

(2) 자녀 출산, 돌잔치, 입학 축하 프로모션
- 각 이벤트별 우대 및 서비스 제공: 축하메세지/ 선물/ 상품권 등 차별성 있는 혜택 마련 -> 고정고객화 지속
- 특별한 대우를 받는다고 느낄 수 있도록 작지만 세심하고 정성스러운 핸드메이드 선물 준비.

결혼기념일 쿠폰 & 문자 예시

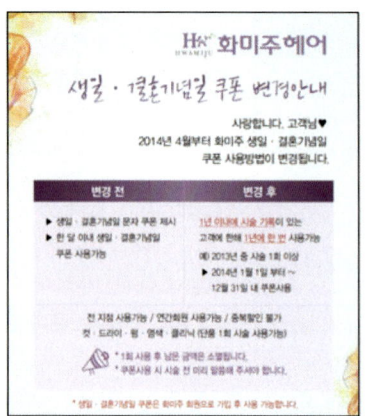

V. 고객 실행 과제

2. 경영성과를 위한 업무분장

1. 매니저 업무
1) 매장관리 업무: 매장 위생및 청결 체크: 업무시작 전.후
2) 홍보업무: 온라인 오프라인 홍보현황과 효과분석
3) 직원근태 및 업무환경 분석

2. 디자이너 업무
1) 시술업무: 시술분석, 고객 만족도체크,
2) 각 개인 고객 분석: 고객성향, 요구도, 선호도
3) 주간 고객관리: 매주 방문고객을 분석하여 고객만족도 향상 제고
4) 객단가 분석: 시술상품의 개선 및 부가 서비스 제공으로 객단가 향상 전략 실행
5) 개별 인스타그램 홍보 수행: 신규고객유치, 고정고객 소통.

3. 인턴 업무
1) 업체 홍보를 위한 온라인 홍보물 주 1~2회 정기적으로 업로드
2) 기술 향상을 위한 자체학습 업무 주 2회이상 수행

4. 직원 포상제도 도입: 비 현금성 / 현금성 선택
- 매월 우수사원 시상: 직원충성도 제고 및 업무 능력 향상으로 경영성과에 긍정적인 효과기대.

> **미용실직원관리 7계명**
> 1. 늘 관심을 가져라.
> 2. 그들이 원하는 것은 무엇인가.
> 3. 직원들은 즐거움을 느끼고 싶어한다.
> 4. 진정성을 보여줘라.
> 5. 성장하는 법을 알려준다.
> 6. 칭찬하고 감사하면 자긍심이 높아진다.
> 7. 직원들의 성공을 도와주어라.

직원포상제 예시

V. 고객 실행 과제

3. 벤치마킹

1) 업체맞춤형 고객관리 프로그램선택
- 다양한 프로그램을 분석하여 저렴하고 잘 구성된 프로그램 선택하는 것이 중요함
- 결제시스템과 연동하여 무료로 제공하는 업체도 있음

2) 고객관리프로그램 중요요소
① 고객데이터 안전성
② 문자서비스 가능여부
③ 매출분석 및 수익분석
④ 고객정보 수록 편리성

피부관리실고객관리프로그램참고사이트
https://www.beauty-sarang.net/
https://www.thinkofyou.kr/
https://beauty.yonggam.com/

VI. 컨설턴트 종합 의견

- '온리*'(대표자 강**)는 창업4년차의 신생 업체이나 창업후 3년만에 2호점을 오픈하는 등 사업적 포부와 능력 보유함.
- 신청인은 열정적으로 미용업에 종사하고 있으며 기술력, 접객능력도 매우 우수함
- 현재 1호점 월 260만원의 높은 임대료와 인건비가 재무상태에 부정적인 영향을 미치고 있으므로 2호점으로 통합운영하는 것은 현명한 판단으로 사료되며, 다만 컨설팅에서 제시된 기존 고객이탈을 방지하는 전략을 수행하는 것이 매출을 유지할 수 있을 것으로 판단됨.
- 수진업체의 고정고객 대부분이 가족단위 고객인 것을 고려하여, 본 컨설팅에서 제시된 가족 고객을 위한 마케팅 전략을 지속적으로 수행하고 발전시켜 나간다면 매출신장에 매우 큰 기여를 할 것으로 보임.
- 대표자가 직원관리를 효율적으로 하고자 하며, 경영성과에 반영되기를 바라고 있으므로 직원들을 능력별 업무를 나누어 부담하도록 제안함. 이는 직원들의 경영참여의식을 높일 수 있도록 유도하며 잘 수행한 직원들을 포상하여 직원의 만족도 향상과 충성도 제고를 동시에 이끌어 낼 수 있는 전략이므로 사업운영에 반드시 참고해야 할 사항임.
- 대표자의 우수한 사업능력과 기술력을 바탕으로 컨설팅의 제안사항을 업체 맞춤형으로 수행한다면 향후 내실있는 단단한 미용사업체로 성장할 수 있는 충분한 가능성이 있음.

2. 미용실컨설팅Ⅲ – 홍보& 마케팅

미용실 컨설팅Ⅲ
-홍보&마케팅

고객명	사업장 명	컨설팅 분야	컨설턴트 명	컨설팅 기간	보고서 등록일
박**	어반**	홍보 및 마케팅 점포운영	유**	2023. 11. 22~2023. 11. 27	2023. 11. 24

Ⅰ. 컨설팅 기본 정보

1. 신청인 정보

성명	박**	연령 / 성별	31/남
주요 경력	미용경력10년 어반** 직영점5개 운영중	e-mail	

2. 업체 정보

업체명	어반**	업태 / 종목	서비스/이.미용/ 네일아트
사업장 주소	(31156) 충남 천안시 서북구 불당로	사업자등록번호	821-15-01322
창업(예정)일	2020-01-13	면적	165m²
영업시간	10:30~20:00	종업원 수	5
사업 아이템	이용, 미용		

3. 신청인 요청사항

요청분야	홍보 및 마케팅
요청내용	- 집객을 위한 홍보 및 마케팅

2. 신청분야 현황 진단

대표자 현황	- 미용경력 10년차로 대형 프랜차이즈 경력을 보유하고 있으며, 현 사업장을 포함한 대표자 본인 브랜드로 5개 지점을 운영중임. - 사업마인드가 뛰어나고 미용업에 대한 열정이 대단히 높은 청년 사업가. - 직원 자체교육 시스템 보유 - **현 사업장의 매출 감소 및 정체로 컨설팅 요청함.**
고객분석	- 주 고객층 20-40대, 젊은 층이 주 고객으로 남여비율은 약 5:5로 분석됨
시술상품(아이템)	- 헤어커트, 헤어염색, 열펌이 주 시술상품이며, 가격은 중저가로 형성되어 있으나 현재는 할인정책을 실시하고 있어 저렴한 가격으로 운영중임.
고객관리현황	- 고객관리 시스템을 통하여 고객을 관리함 - 주변 아파트 단지 고객을 위한 별도 마케팅전략은 없음 - 커플고객이 많으나 별도 이벤트 없음.

3. 월간 손익분석

목록	금액	산출기준
1. 매출액	2,000만원	월평균매출
2. 매출원가	200만원	원재료비 및 상품구입비
3. 매출이익	1,800만원	매출액 - 매출원가 = 매출이익
4. 전체경비	1,826.3만원	아래 인건비부터 이자비용까지 합친 금액
- 인건비	1,250만원	종업원 인건비 250만원 x 5명
- 임차료	331만원	임차관련 월세 및 관리비 합계(부가세 포함) 월세 231만원, 관리비100만원
- 관리비	30만원	통신비(유선+무선) + 보험 및 렌탈비 + 사업장 차량유지비(있을 시) 등 합계
- 수도광열비	30만원	전기 + 가스 + 수도 등 합계
- 기타경비	50만원	홍보비(배달 앱 수수료) 등 경비 미포함 금액
- 감가상각비*	133만원	인테리어비용 8,000만원/60개월
- 이자비용**	2.3만원	대출 원금을 제외한 순수 이자(월 상환 원금은 미반영)
5. 총이익	-26.3만원	사장님 인건비를 포함한 총이익 (매출이익 - 전체경비 = 총이익)

*분석결과 마이너스 재무상태로 현 상태로 운영을 계속할 수록 적자가 계속될 것으로 판단됨.

V. 신청업체(분야) 취약점

분 야	취 약 점
홍보및마케팅	➢ 주 타겟층을 위한 홍보 부족 : 주변 아파트 주거인구 - 6개월 1회 아파트 홍보전단 배포로 홍보효과 미흡. - 온라인 홍보 및 네이버 플레이스 활용중이나 타 경쟁업체와 비슷한 형태로 운영. - 대표자의 인스타그램은 잘 운영되고 있으나 현사업장의 BIZ인스타그램은 운영하지 않음.
점포운영1	➢ 지나친 가격 할인 정책 - 가격 할인 및 저가 상품정책 시행중으로 오히려 저가 미용실로 인식 될 수 있음. - 고정고객을 위한 특별하고 정기적인 혜택 미흡: 고정고객의 재 방문율 저하가 매출하락으로 직결됨.
점포운영2	➢ 마이너스수익구조 - 월평균 매출 약 2천만원으로 파악되며 직원급여 및 운영비를 제외하면 순이익은 백만원이하로 사업자 인권비도 나오지 않는 상태이며 실제 분석결과 마이너스 재무상태로 분석됨. - 현 직원현황: 매니저1명, 디자이너2명, 인턴2명

VI. 취약점에 대한 개선방안 및 기대효과

분 야	개선방안	기대효과
홍보및마케팅	➢ 오프라인 홍보전략 • 직원을 활용한 거리 홍보전단 배포 • 아파트 주민을 타겟으로 건물 외벽에 현수막 설치. • 아파트단지 특정 및 주기적인 홍보전단 부착 • 1층 출입구와 엘리베이터 입구에 입간판 설치. ➢ 온라인 홍보전략 • 어반페이머스 신불당점 인스타그램 개설	• 직원활용으로 홍보비용 절감 및 신규고객 헌팅 동시효과 • 주기적 전단 홍보로 사업장 인지도 상승효과 • 주변잠재고객 유입효과 • 고객 방문율 증가 • 매출 증대
점포운영1	➢ 플러스 할인정책 시행(장기적으로 긍정적 요인) -기간제 가격할인 정책 활용 - 스페셜데이이벤트 시행 ➢ 고정고객 특별우대 전략 - 방문년도별 특별할인 및 서비스 제공 - 커플고객을 위한 혜택제공 - 주변 특정 아파트 고객을 위한 혜택 제공	• 할인전 가격으로 환원 가능 • 고정고객 재방문율증가 • 단골 고객 충성도 제고 • 바이럴 마케팅 효과
점포운영2	➢ 구조조정을 통한 직원감축 - 매니저의 직무를 디자이너와 인턴이 나누어 수행하도록 하는 것이 수익구조 개선에 도움이 될 것으로 판단됨.	• 인건비 감축효과 • 재무구조 개선효과 • 직원활용도 증가

Ⅶ. 고객 실행 과제

1. 오프라인 홍보전략

1) 직원을 활용한 거리홍보
- 고객 위주의 홍보전단 개발 : 트랜드 헤어스타일 사진 탑재, 상호를 각인 시킬 수 있는 디자인 등
- 주 고객층인 20~40대 고객을 위한 홍보전단 제작.

2) 외벽 홍보 현수막 설치
- 타겟 아파트 단지에서 보일 수 있도록 설치

3) 타겟 아파트 단지 선정 및 주기적인 홍보전단
- 간헐적 전단홍보는 홍보효과가 미흡하므로 집중하여 주기적으로 홍보 필요.

미용실 거리홍보 예시

미용실 현수막 외벽설치 예시

Ⅶ. 고객 실행 과제

2. 플러스 할인정책(긍정적 할인정책)

1) 기간제 가격할인 및 스페셜데이 이벤트
  예) 11월 한달 특별 할인 ~ 헤어컬러 5만원 균일가
- 고객에게 빨리 방문하고 싶은 충동을 일으킴.
- 매월 다른 상품으로 이벤트 가능함.
- 이벤트 종료후 원래 가격으로 복귀 가능함.

기간제 가격할인 및 스페셜데이 이벤트 예시

Ⅷ. 고객 실행 과제

2. 플러스 할인정책(긍정적 할인정책)

2) 고정고객을 위한 혜택제공

(1) 생일이벤트: 소정의 선물, 쿠폰, 할인정책

- 고객에게 소중한 날을 기억하고 있다는 심리를 제공해 업체의 인식을 좋게 만듬.
- 생일 당일 10시에 발송되도록 예약 필수
- 생일쿠폰은 생일기준 한달 전후로 기간을 설정하는 것이 넉넉한 이미지를 만듬.
- 선물은 고객의 특성에 맞게 사용하는 제품 또는 저렴하지만 누구나 선호하는 제품으로 선정.
  예) 헤어 에센스, 아로마수제비누 등

(2) 고정고객 특별우대전략

- 방문년도별 VIP우대 및 서비스 제공: 고객의 방문 횟수 또는 연수별 차별성있는 혜택 마련 -> 고정고객화 지속
- 특별한 대우를 받는다고 느낄 수 있도록 작지만 세심하고 정성스러운 핸드메이드 선물 제공.
- 특정아파트 고객 우대서비스 제공: 근거리의 아파트단지를 대상으로 고정고객 확보가능

Ⅸ. 컨설턴트 종합 의견

❖ 대표자는 10여년의 미용경력을 보유하고 있으며 도전적으로 미용체인사업을 운영중인 청년 사업가.

❖ 현 사업장은 천안시 중심 상권으로 핫 플레이스로 인정받고 있으나 미용업체들의 과잉 경쟁지역임.

❖ '어반** 신불당점'의 현황을 분석한 결과, 현 재무상태로는 경영을 지속하기 어려우며, 구조 조정을 통한 인적 자원의 감축이 매우 절실함. 그러나 대표자가 구조조정을 원하지 않으므로 홍보 및 마케팅과 고정고객 재방문율을 향상시키기 위한 전략으로 컨설팅을 진행함.

❖ 대표자는 체인점을 적극적으로 확장할 의지를 가지고 있으므로 소상공인 진흥공단의 프랜차이즈 사업지원과 청년사업가를 위한 지원정책을 활용할 것을 권유함.

❖ 종합적으로, 전국적인 경기하향세와 동종업체의 경쟁 과열로 인한 사업의 성장이 쉽지 않아 보이나 직원을 활용한 적극적인 홍보와 불당동 1만4천여 아파트 대단지의 주거인구를 타겟으로 홍보전략을 실행한다면 장기적으로 성장가능성은 충분하다고 판단됨.

3. 미용실컨설팅Ⅳ - 창업컨설팅

미용실 컨설팅Ⅵ
- 창업컨설팅

고객명	사업장 명	컨설팅 분야	컨설턴트 명	컨설팅 기간	보고서 등록일
홍**	리**헤어	상권분석 고객관리	유**	2024.07.01	2024.07.01

Ⅰ. 컨설팅 기본 정보

1. 신청인 정보

성명	홍**	연령 / 성별	42/여
주요 경력	실무경력 15년차, **대 미용전공	e-mail	**0607@naver.com

2. 업체 정보

업체명	리** 헤어	업태 / 종목	서비스/이.미용/ 네일아트
사업장 주소	(31211) 충청남도 천안시 동남구 청당로	사업자등록번호	000-00-00000
창업(예정)일	2022-12-20	면적	66m²
영업시간	10:00~18:00	종업원 수	2
사업 아이템	헤어미용		

3. 신청인 요청사항

요청분야	점포운영, 고객관리
요청내용	- 점포운영 - 사업장 이전 예정지 상권분석 - 고정고객 관리

II. 신청분야 현황 분석

1. 신청인 요청사항

- 대표자(홍**)는 **대학교 미용과를 졸업하고 헤어 디자이너로 15년간 근무하며 실무경력을 쌓았고 1년 6개월 전 현 위치 창업함
- 현 사업장은 지인의 요청으로 동업으로 시작하여 부득이하게 사업을 넘겨받아 영업을 계속하고 있으나 수익이 나지 않아 인근 지역으로 이전예정임.
- 현 사업장의 경영진단을 위하여 컨설팅을 신청하였으나 현 사업장을 정리하고 새로운 사업장을 계약하였으므로 사업장 이전지의 상권분석 및 현 사업의 점포운영, 고정고객의 잔류를 위한 고객관리 전략을 요청함.

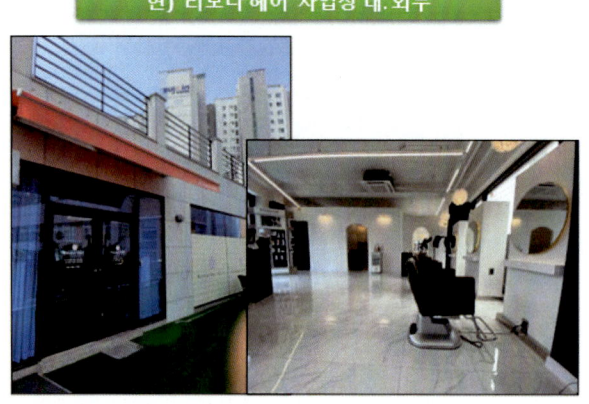

현) 리보나 헤어 사업장 내.외부

이전예정 사업장 현황

II. 신청분야 현황 분야

2. 신청분야 현황 진단

2-1 사업자 역량분석

- (경력) 동종 업종경력 15년, 현 위치 1년 6개월째 사업운영중임.
- (지식) 미용전문 대학을 졸업하고 보육교사 교육을 이수 하였으며 현재 미용학사를 위해 학업 진행중.
- (기술) 종합미용면허 보유.

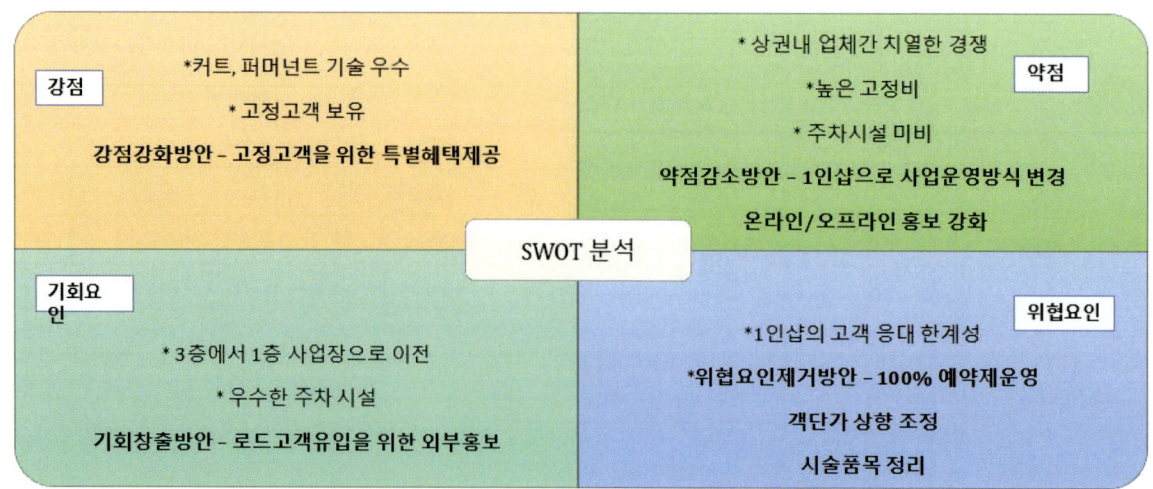

SWOT 분석

강점
- *커트, 퍼머넌트 기술 우수
- *고정고객 보유
- 강점강화방안 - 고정고객을 위한 특별혜택제공

약점
- *상권내 업체간 치열한 경쟁
- *높은 고정비
- *주차시설 미비
- 약점감소방안 - 1인샵으로 사업운영방식 변경
- 온라인/오프라인 홍보 강화

기회요인
- *3층에서 1층 사업장으로 이전
- *우수한 주차 시설
- 기회창출방안 - 로드고객유입을 위한 외부홍보

위협요인
- *1인샵의 고객 응대 한계성
- *위협요인제거방안 - 100% 예약제운영
- 객단가 상향 조정
- 시술품목 정리

II. 신청분야 현황 분야

2. 신청분야 현황 진단

2-2 매출 및 경쟁력 분석 : <u>사업장 이전 예정지 분석(현 사업장에서 150m 거리에 위치함)</u>

- (매출) 수진업체의 월평균매출은 2024년 5월기준 약1,280만원이며, 분석지역의 월평균매출은 2024년 4월기준 708만원으로 수진업체보다 현저히 낮은 것으로 분석됨..
- (경쟁업체) 2024년 3월 기준 반경 500m 이내에 21개 업체 경쟁중.
- (경쟁력) 이전예정지는 기존 미용실로 사용하던 상가이며, 이전 사업자의 고객들을 일부 넘겨 받음. 1층상가로 바로 옆상가는 농협은행으로 유동인구의 유입이 용이함. 청당 코오롱하늘채 1,546세대 아파트 상가.

경쟁업체 현황

매출분석

경쟁업체 분석

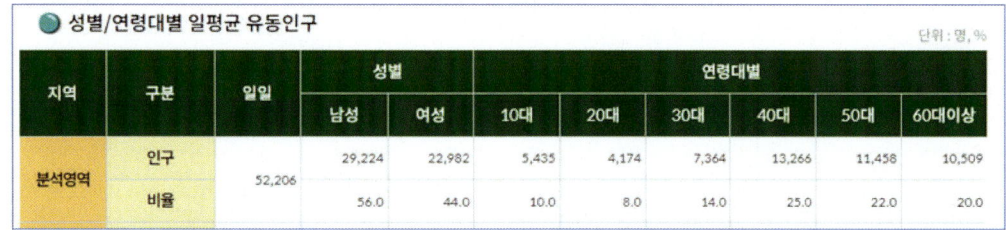

II. 신청분야 현황 분야

2. 신청분야 현황 진단

2-3 인구분석

- (유동 인구) 총 52,206명이며, 남성의 비율이 56.0%, 40대가 25.4%로 가장 높게 나타나 젊은 층 인구들의 비율이 높게 분석됨.
- (주거 인구) 총 13,177명이며, 여성의 비율이 50.1%, 40대가 18.2% 로 유동인구와 유사한 형태로 분석됨.

* 인구 분석 결과, 도심 주거지역은 전형적인 형태로 일반 서비스업종인 미용업을 운영하기에 적합한 것으로 판단되나 동종업체들의 과당경쟁이 우려됨.

3. 월간 손익분석

*분석결과, 순이익은 373.4만원으로 사업자의 최저 임금 수준으로 나타나 높은 고정비의 지출로 인한 경영난으로 파악됨.

목록	금액	산출기준
1. 매출액	1,280만원	월평균매출 + 샵인샵 임대료 수입 75만원포함
2. 매출원가	100만원	원재료비 및 상품구입비
3. 매출이익	1,180만원	매출액 - 매출원가 = 매출이익
4. 전체경비	806.6만원	아래 인건비부터 이자비용까지 합친 금액
- 인건비	400만원	종업원 인건비
- 임차료	275만원	임차관련 월세 및 관리비 합계(부가세 포함)
- 관리비	30만원	통신비(유선+무선) + 보험 및 렌탈비 + 사업장 차량유지비(있을 시) 등 합계
- 수도광열비	25만원	전기 + 가스 + 수도 등 합계(관리비에 포함)
- 기타경비	20만원	홍보비(배달 앱 수수료) 등 경비 미포함 금액
- 감가상각비*	50만원	인테리어비용 3천만원/60개월
- 이자비용**	6.6만원	대출 원금을 제외한 순수 이자(월 상환 원금은 미반영)
5. 총이익	373.4만원	사장님 인건비를 포함한 총이익 (매출이익 - 전체경비 = 총이익)

Ⅲ. 신청업체(분야) 취약점

진단분야	현황 및 취약점
점포운영	● 높은 고정비 지출로 경영난 심함 - 높은 임차료 : 월 275만원으로 총매출의 24.48% 차지 - 직원 임금: 4백만원(200만원x 2명) 총 매출 31,25% - 관리비 30만원
고객관리	● 1년6개월간 현 사업장에서 영업하면서 전체고객의 60% 정도 고정고객으로 보유 - 사업장 이전시 고정고객의 잔류여부 불확실
홍보 및 마케팅	● 온라인 홍보: 네이버 플레이스, 인스타그램 활용중이나 정기적인 업로드와 관리가 어려움 ● 오프라인 홍보 별도로 없음.

IV. 취약점에 대한 개선방안 및 기대효과

분야	개선방안	기대효과
점포운영	◆ 프리미엄1인샵으로 사업운영방식 변경 - 직원임금 부담제거 ◆ 임차료 부담 감소 - 이전 사업장 임차료 110만원으로 현재 사업장의 40%수전	▪ 고정비 감소 ▪ 순이익 증가 ▪ 객단가 상향 효과
고객관리	◆ 한시적 마일리지제도 - 기존고객을 위한 혜택제공 - 추천고객 할인제도	▪ 기존고객 잔류효과 ▪ 고정고객 확보 ▪ 신규고객유입 ▪ 매출 증대
홍보 및 마케팅	◆ 온라인 홍보강화: 온라인 홍보를 위한 주1회 업무시간 정하고 매주 동일한 요일과 시간에 시술사진, 업체정보, 홍보물 업로드하기 ◆ 오프라인 홍보: 아파트 게시판 홍보 - 정기적인 홍보로 아파트 주민을 고객으로 확보 - 아파트 게시판 홍보는 홍보기간이 안정적으로 확보됨 - 주변 2,900세대를 대상으로 꾸준한 홍보	▪ 업체 신뢰도 상승 ▪ 신규고객 유입 ▪ 고정고객 확보 ▪ 매출 증대

V. 고객 실행 과제

➢ 1. 프리미엄 1인샵 운영 전략
➢ 고급 살롱 이미지
➢ 객단가 상향 조정 가능
➢ 충성고객 확보 가능

- 대표자의 기술력을 보강하고 트랜드 기술역량을 강화 하여기존 고객 및 신규고객에게 특별한 살롱이미지 각인.
- 직원없는 미용실로 1인 전담 케어 살롱 전략
- 고객 맞춤형 서비스 제공

프리미엄 1인미용실 인테리어 참고자료

V. 고객 실행 과제

2. 고정고객 잔류 전략

❖ **한시적 마일리지 제도 시행**
❖ **기존고객 추천 제도**

➢ 기존 보유고객이탈을 방지효과
➢ 고정고객의 충성도 유지
➢ 바이럴 마케팅 지속화

추천 이벤트 샘플

V. 고객 실행 과제

3. 아파트 단지 게시판 홍보

➢ 2,900세대 3 개의 아파트 단지 주기적 홍보 가능
➢ 각 단지별 홍보전단 게시로 업체 홍보: 안정적 홍보 기간 확보 가능
➢ 아파트단지의 특성상 바이럴 마케팅 효과기대

전단지 참고 샘플

VI. 컨설턴트 종합 의견

- 리**헤어 대표자는 미용대학 출신으로 전문적인 지식 및 기술을 보유하고 있으며 실무경험도 15년이상 보유한 베테랑으로 기술적인 측면에서는 손색이 없음.
- 다만, 창업 2년차로서 경영마인드 및 경영노하우 부족과 높은 고정비 지출로 사업에 어려움을 겪고 있는 상황임.
- 현 사업장에서는 출구전략을 찾을 수 없어 150m가량 떨어진 위치에 새로운 사업장을 계약한 상태이며, 현장 방문 및 상권분석결과를 보면, 과당경쟁 지역이기는 하나 유동인구가 많고 대단지 아파트 단지내에 위치한 상가이므로 미용서비스업종에게는 매우 우수한 상권이며 입지인 것으로 분석됨.
- 현 사업장의 경험을 바탕으로 새로운 사업장에서는 프리미엄 1인샵 형태로 직원채용 없이 운영하는 것을 제안하며, 대표자의 우수한 기술력을 바탕으로 꾸준한 홍보활동을 지속한다면 높은 순이익을 창출할 수 있을 것으로 기대됨.

강 의 노 트

1.

2.

3.

4. 미용실컨설팅 V – 점포운영

미용실 컨설팅 V
-점포운영

고객명	사업장 명	컨설팅 분야	컨설턴트 명 (연락처)	컨설팅 기간	보고서 등록일
김**	가위손**	점포운영	유**	2023. 11. 22	2023. 11. 24

Ⅰ. 컨설팅 기본 정보

1. 신청인 정보

성명	김**	연령 / 성별	47/여
주요 경력	실무경력 20년, 업력 18년	e-mail	

2. 업체 정보

업체명	가위손 **	업태 / 종목	서비스/이.미용/ 네일아트
사업장 주소	(31579) 충청남도 아산시 어의정로	사업자등록번호	000-00-00000
창업(예정)일	2009-04-22	면적	33m²
영업시간	10:00~18:00	종업원 수	0
사업 아이템	이.미용		

3. 신청인 요청사항

요청분야	상권분석, 점포운영, 홍보 및 마케팅
요청내용	- 매출증대를 위한 점포운영 전략 - 매출증대를 위한 홍보전략

Ⅳ. 신청분야 현황 분석

1. 신청인 요청사항

- 대표자(김**)는 창업 18년차로 현 위치에서 8년간 영업중이며 형제들 4남매가 모두 미용업에 종사함.
- 월 평균 매출액은 약 500만원으로 경비를 제외한 순이익은 약350만원으로 파악됨.
- 네이버 플레이스 등록 이외에 온라인 홍보는 전혀 없으며, 오랜 기간 현 위치에서 미용실을 운영하면서 확보된 고정고객위주의 사업을 운영중임.
- 주 고객층은 10~50대까지 매우 넓은 연령대를 포함하고 있으며, 아파트단지의 특성상 가족단위 고객이 많음. 예약 우선제, 워크인 고객 가능, 주차시설부족하나 아파트 단지 고객들은 도보로 이용가능.
- 대표자는 컨설팅을 통해 정체된 매출을 향상시킬수 있는 방안과 현재 점포운영상황을 파악하고 개선하고 자 함.

업체 외부 및 주변현황
: 아파트단지 상가 1,900세대

신청업체현황

사업장 내부현황 : 고객 대기석 부족

온라인 홍보현황

Ⅳ. 신청분야 현황 분석

2. 신청분야 현황 진단

2-1 사업자 역량분석
- (경력) 창업18년, 실무경력 20년
- (지식) 가족들이 모두 미용업에 종사함으로 자연스럽게 미용에 입문
- (기술) 미용국가자격증 보유

강점
* 오랜 실무경력
* 90%고정고객보유
* 우수한 모발복구크리닉 역량
* 1,900세대 아파트 단지 상가
강점강화방안 - 고정고객 및 가족단위고객 혜택 제공

약점
*고객컴플레인대응력 부족
*홍보전략부족
약점감소방안 - 고객컴플레인 대응메뉴얼 숙지
온라인 홍보 전략 수립 및 실행, 매장내 홍보물 비치

SWOT 분석

기회요인
* 아파트상권으로 여성고객확보용이
* 높은 바이럴 마케팅 효과
* 기회창출방안 - 높은 객단가 시술상품 개발

위협요인
*동일상가내 3개의 동종 업체 영업중.
위협요인제거방안 - 차별화된 시술상품개발

Ⅳ. 신청분야 현황 분석

2. 신청분야 현황 진단

2-2 매출 및 경쟁력 분석

- (매출) 수진업체의 월평균매출은 2024년 6월기준 약500만원으로 분석지역의 월평균매출 523만원과 대동소이함.
- (경쟁업체) 2023년 11월 기준 반경 500m 이내에 31개 업체 경쟁중이며, 반경 1km이내에는 113개업체가 경쟁중
- (경쟁력) 수진업체는 1,900여세대 아파트 상가에 위치해 있으며 현 위치에서 8년간 영업중으로 90%이상의 고정고객으로 운영중임.

경쟁업체 현황

업체분석

지역	구분	22.11	22.12	23.01	23.02	23.03	23.04	23.05	23.06	23.07	23.08	23.09	23.10	23.11
분석영역	업소수	30	31	31	30	31	32	32	32	32	32	32	31	31
	증감률	0.0	▲3.3	0.0	▼3.2	0.0	▲3.2	0.0	▲3.2	0.0	0.0	0.0	▼3.1	0.0
1km	업소수	109	110	110	111	111	112	109	111	111	112	112	113	113

매출분석

지역	구분	23.05	23.06	23.07	23.08	23.09	23.10	23.11	23.12	24.01	24.02	24.03	24.04	24.05
분석영역	매출	571	578	560	554	574	551	564	569	629	628	601	542	523
	증감률	▲0.9	▲1.2	▼3.1	▼1.1	▲3.6	▼4.0	▲2.4	▲0.9	▲10.5	▼0.2	▼4.3	▼9.8	▼3.5
1km	매출	483	490	492	488	497	479	489	494	536	534	495	454	444

Ⅳ. 신청분야 현황 분석

2. 신청분야 현황 진단

2-3 인구분석

- (유동 인구) 총 30,056명이며, 남성의 비율이 53.7%, 40대가 24.5%로 가장 높게 나타남. 토요일에 16.0%로 가장 많고, 화요일에 13.3%로 가장 적게 나타남.
- (주거인구) 총 12,625명이며, 여성의 비율이 50.0%, 60대가 22.0% 로 가장 높음.

* 인구 분석 결과, 유동인구와 주거인구의 형태가 차이가 있으며, 수진업체의 주 고객층은 가족단위이므로 유동인구보다는 주거인구가 수진업체의 주 고객층을 이루고 있는 것으로 파악됨.

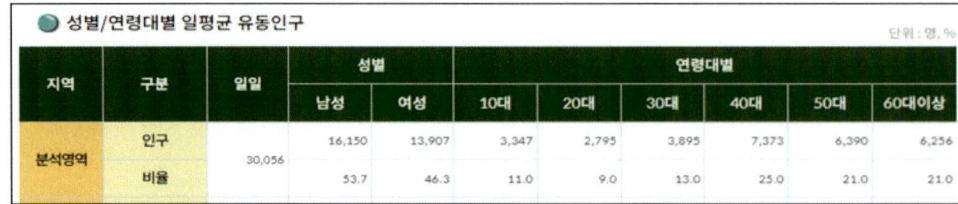

3. 월간 손익분석

* 분석결과, 사업장의 자가소유로 인한 임차료 지출이 없어 총 이익 420만원으로 낮은 수익률은 아닌 것으로 분석됨. 단, 친정식구들을 부양하는 상황으로 지출이 많아 자산축적이 어려운 것으로 조사됨.

목록	금액	산출기준
1. 매출액	500만원	월평균매출
2. 매출원가	50만원	원재료비 및 상품구입비
3. 매출이익	450만원	매출액 - 매출원가 = 매출이익
4. 전체경비	30만원	아래 인건비부터 이자비용까지 합친 금액
- 인건비	0 만원	종업원 0
- 임차료	0만원	자가
- 관리비	20만원	통신비(유선+무선) + 보험 및 렌탈비 + 사업장 차량유지비(있을 시) 등 합계
- 수도광열비	10만원	전기 + 가스 + 수도 등 합계
- 기타경비	5만원	홍보비(배달 앱 수수료) 등 경비 미포함 금액
- 감가상각비*	0만원	인테리어비용 창업 8년 경과
- 이자비용**	5만원	대출 원금을 제외한 순수 이자(월 상환 원금은 미반영)
5. 총이익	420만원	사장님 인건비를 포함한 총이익 (매출이익 - 전체경비 = 총이익)

Ⅴ. 신청업체(분야) 취약점

진단분야	현황 및 취약점
점포운영	✓ 현 위치 8년간 영업중이나 특별한 경영노하우 없음 ✓ 매출신장이 이루어지지 않음 ✓ 상가를 분양 받아 자가소유이므로 임대료 부담없음 ✓ 매장내 시술가격표, 아이템POP 등 홍보물 게시없음.
고객관리	✓ 주 고객층: 가족단위고객 많음 ✓ 주 고객연령대: 10~60대, 고정고객 90% ✓ 고객응대서비스: 고객 대기석 다과제공 부족 ✓ 고객 컴플레인 대응 역량 부족 ✓ 고객관리 프로그램 없이 기억에 의존하여 고객응대
홍보 및 마케팅	✓ 온라인. 오프라인 홍보 없음 ✓ 네이버 플레이스 등록만 되어있는 상태

VI. 취약점에 대한 개선방안 및 기대효과

분 야	개선방안	기대효과
점포운영	➢ 시술가격표 게시로 고객신뢰도 향상 ➢ 가족회원권 제도 도입 ➢ 객 단가 상향조정을 위한 대표 아이템 홍보: 탈모관리, 모발 복구 상품	▪ 경쟁력 제고 ▪ 고객 맞춤형 서비스 제공 ▪ 고객만족도 향상 ▪ 매출증대
고객관리	➢ 가족단위고객을 위한 혜택제공 ➢ 고정고객을 위한 혜택제공 ➢ 고객 대기석 다과 비치: 가족단위를 위한 다양한 비스킷 및 음료 구비 ➢ 고객 컴플레인 대응을 위한 매뉴얼 숙지 ➢ 고객관리프로그램 활용	▪ 고정고객 확보 ▪ 고객만족도 향상 ▪ 고객 충성도 제고
홍보 및 마케팅	➢ 업체 정보 및 사진 업로드 ➢ 업체 의 특장점 업로드 ➢ 대표시술 상품 정보업로드 : 효과 및 가격 시술사례	▪ 업체전문성 제고 ▪ 업체신뢰도 향상 ▪ 신규고객 유입 ▪ 매출증대

VII. 고객 실행 과제

1. 고객 컴플레인 대응 매뉴얼

> ➢ **컴플레인 고객응대 기본요령**
> * 서비스업 종사자는 컴플레인이 발생하면 먼저 겁먹지 말고 누구나 실수할 수 있으며, 설혹 내 실수가 아니더라도 최대한 책임질 것이란 마음가짐을 가져야 한다.
>
> <u>HEAT기법</u>
> 1. **Hear them out** 끝까지 들어라.
> 2. **Empathize** 감정을 이입하라.
> 3. **Apologize** 사과하라.
> 4. **Take responsibility** 책임을 지다.
>
> <u>컴플레인에 대응하는 여러가지 기법</u>
>
> 1. 깍듯한 예우를 갖춰 더 이상의 흠을 잡히지 말아야 한다.
> 2. 논쟁은 절대 금물
> 3. 틀린 주장에 대해서도 인내하며 경청하고 온화하게 대한다.
> 4. 변명이 아닌 설명을 한다.
> 5. 불평사항을 메모한다.
> 6. 사무적인 사과가 되지 않도록 정중히 사과한다.
> 7. 금전적으로 변상이 따라야 할 경우에도 기꺼이 응대해야 한다.

[뷰티메니지먼트]

VII. 고객 실행 과제

2. 차별화된 시술품목 개발

1) 모발 복구 시술상품 : 주변 경쟁업체와 차별화된 상품으로 경쟁력 강화, 상대적으로 타 상품보다 높은 시술가격
   - 특수 제품을 이용한 모발 크리닉 시술상품 .
   - 고 단백질을 이용한 가위손 사남매 복구크리닉 상품 판매
   - 매장내 홍보 POP 게시 , 네이버 플레이스에 홍보 사진 게시
2) 두피 탈모 크리닉 상품: 탈모인구의 증가로 미용업계 블루오션으로 매출증대에 효과적 아이템이며 1회성이아닌 지속적인 관리가 필요한 상품이므로 매출증대에 큰 효과 기대.

탈모, 모발복구 제품 DP 및 시술상품 예시

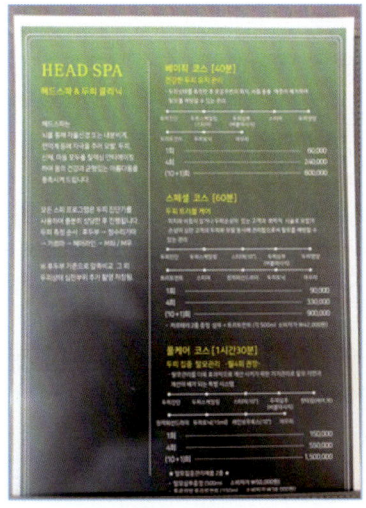
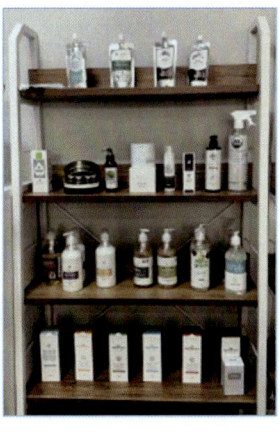

VII. 고객 실행 과제

3. 가족단위 고객을 위한 혜택 제공

1) 가족단위 할인 정액권 도입:
   - 대부분의 미용실에서 적용하고 있는 마케팅전략으로 가족단위 고객뿐만 아니라 고정고객 확보에 유리함.
   - 경대코너에 스티커 형태로 부착하면 고객이 스스로 구매하는 확률이 높아짐.
   - 할인률과 금액의 크기는 업체에 맞게 조정

회원권 예시

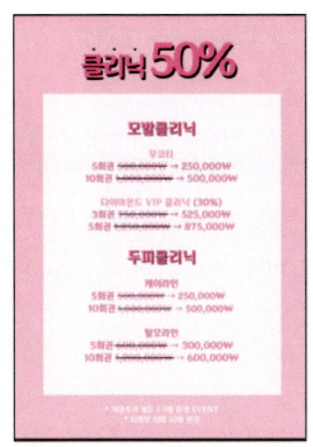

Ⅶ. 고객 실행 과제

3. 플러스 할인정책(긍정적 할인정책)

2) 고정고객을 위한 혜택제공: SNS 활용
(1) 생일이벤트: 소정의 선물, 쿠폰, 할인정책
- 고객에게 소중한 날을 기억하고 있다는 심리를 제공해 업체의 인식을 좋게 만듦.
- 생일 당일 10시에 발송되도록 예약 필수
- 생일쿠폰은 생일기준 한달 전후로 기간을 설정하는 것이 넉넉한 이미지를 만듦.
- 선물은 고객의 특성에 맞게 사용하는 제품 또는 저렴하지만 누구나 선호하는 제품으로 선정.
  예) 헤어 에센스, 아로마수제비누 등

(2) 고정고객 특별우대전략
- 방문년도별 VIP우대 및 서비스 제공: 고객의 방문 횟수 또는 연수별 차별성 있는 혜택 마련 -> 고정고객화 지속
- 특별한 대우를 받는다고 느낄 수 있도록 작지만 세심하고 정성스러운 핸드메이드 선물 제공.
- 특정아파트 고객 우대서비스 제공: 근거리의 아파트단지를 대상으로 고정고객 확보가능

생일 쿠폰, 선물 문자 예시

단골 고객 혜택 예시

Ⅶ. 고객 실행 과제

4. 고객관리프로그램 활용

1) 업체맞춤형 고객관리 프로그램선택
- 다양한 프로그램을 분석하여 저렴하고 잘 구성된 프로그램 선택하는 것이 중요함
- 결제시스템과 연동하여 무료로 제공하는 업체도 있음

2) 고객관리프로그램 중요요소
① 고객데이터 안전성
② 문자서비스 가능여부
③ 매출분석 및 수익분석
④ 고객정보 수록 편리성

미용실 고객관리프로그램참고사이트

https://www.beauty-sarang.net/
https://www.thinkofyou.kr/
https://beauty.yonggam.com/

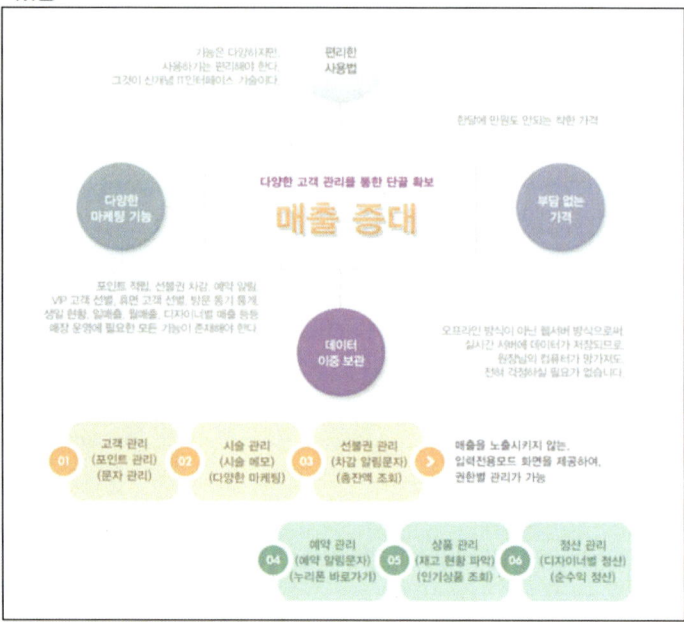

Ⅶ. 고객 실행 과제

5. 온라인 홍보 강화

- 네이버 플레이스 시술사진 업로드: 네이버플레이스는 최근 대부분의 고객들이 검색을 하는 사이트로 업체 홍보 및 신규고객유입이 가능한 중요한 홍보수단.
- 매주1회 업로드 필수

가위손사남매 네이버플레이스현황
: 업체 기본정도 외 활용없음

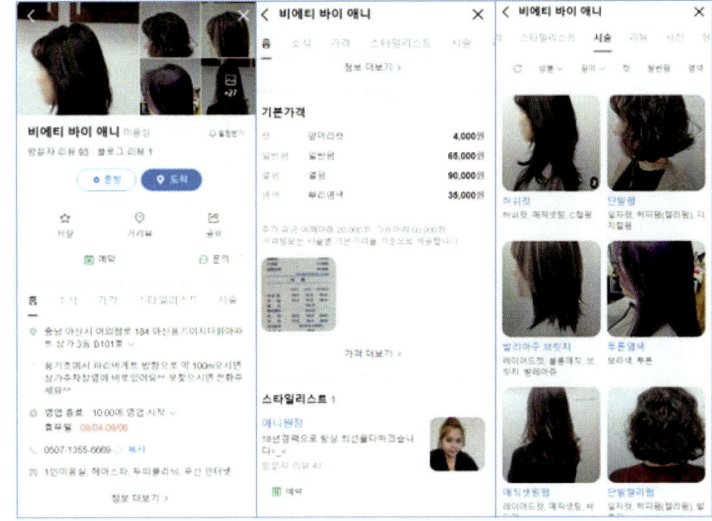

벤치마킹 업체
수진업체 맞은편 상가 3층 경쟁업체
네이버 플레이스 활용 현황

Ⅷ. 컨설턴트 종합 의견

- 대표자(김**)은 20년 실무경력을 보유한 사업자로 현 위치에서 8년간 영업하고 있으며, 인근지역에서 10년간 사업을 운영한 경력이 있어 현재 고정고객 위주로 업체를 운영중임.

- 현 사업장은 실질적 재정악화로 보이지는 않으나 고객과의 마찰을 줄이는 노하우와 매출 향상을 위한 전략을 필요로 함.

- 대표자의 기술력과 영업노하우, 고객을 대하는 적극성은 매우 우수함. 다만, 고객 불만을 해결하는 문제를 두려워하고 있으므로 매뉴얼을 숙지하고 적절하게 대응할 수 있는 훈련이 필요함.

- 컨설팅에서 제안된 수행과제들을 충실히 사업에 적용할 경우(1일차 컨설팅에서 제안한 가격표, 시술상품POP 제작을 7월25일 수행함) 대표자 역량, 상권분석을 종합 분석한 결과, 현 월평균매출 500만원보다 약 30~40% 정도 향상 가능할 것으로 판단됨.

5. 미용실컨설팅Ⅵ – 인테리어

미용실 컨설팅Ⅵ
-인테리어

고객명	사업장 명	컨설팅 분야	컨설턴트 명	컨설팅 기간	보고서 등록일
이**	솔리*	인테리어 점포운영	유**	2020. 03. 03	2020. 03. 05

01/ 역량 및 운영내역

◆ **주요사항**
- 대표자(이**)는 최초창업으로 실무경력10년보유.
- 대형 프랜차이즈 미용실에서 디자이너로 근무
- 주요고객층 : 20~40대 , 대표자의 나이가 20대이므로 젊은 층의 감각과 공감력이 높음.

◆ **향후 보완사항**
- 내부인테리어 수정 보완
- 온라인 홍보 및 관리
- 고객이탈방지 전략
- 1인샵 특성화 전략

구분	구분	현황	비고
사업자능력	경력, 자격	최초창업 미용실무경력10년/미용사자격증보유 -리안헤어 3년 -권홍헤어 7년	
사업운영	인적자원	대표자 1인	
	고객관리	고객관리시스템 운영예정	
	마케팅활용	인스타그램, 블로그 사용예정	

02/ 사업장 환경분석

'Made by 솔'(가칭)는 도아린풀하우스아파트단지 옆 근린상가지역에 위치

- 1,691세대의 도아린 아파트 근처에 위치하고 있으며 주변상권은 카페, 음식점등으로 이루어져있음.
- 반경 500M 내에 36개의 동종 업체가 경쟁 중(2020년 12월 기준)이며 점차 증가세를 보임.
- 보유고객은 주로 20-40대
- 신축건물에 입주하여 인테리어 중이며 13평 코너상가.
- 심플하고 세련된 인테리어로 디자인하여 젊은 층 고객을 타겟으로 하는 것이 필요함.
- 상가 정면에 낮은 언덕이 있고 산책로가 형성되어 있음.
- 한적하고 아늑한 분위기의 전경이나 유동인구는 많지 않을 것으로 판단됨

사업장전면.

사업장 주변 환경

사업장내부환경

01/ 주변상권개요

- 분석지역: 대전 서구 원도안로 2길 40반경 500M
- 업종 : 일반 미용업
- 특성 : 근린상가지역.
- 상권 : 평가지수는 전월43.1에서 42.8로 -0.7%하락하여 총 5등급중 4등급으로 평가되어 활성화 지수는 보통 이하로 분석됨.

분석영역의 상권등급은 총 5등급 중 4등급 입니다.

42.8점

전월 43.1점   전월대비 -0.7 %▼

| 1 | 2 | 3 | 4 | 5 |

상권명	업소수	선택업종 총 매출/건수		인구			지역		
		총액(만원)	건수	주거	직장	유동	주요시설	학교	교통
핵심상권	36	546	147	7,014	3,325	53,102	38	6	7

상권평가지수(100점만점)			성장성	안정성	영업력	구매력	집객력
전월	현재	증감률					
43.1	42.8	-0.7%	9.8점	6.8점	4.0점	13.2점	9.0점

02/ 업종분석

- 분석지역의 미용실의 업소추이는 20년6월 대비5.9%증가하여 경쟁이 더욱 심해진 것으로 분석 되었으며 타 지역의 업소 감소추이와는 반대현상이 나타남. 그 원인은 분석지역이 신생지구조성 으로 인한 것으로 판단됨.

2020년 12월 기준, 단위 : 개(장소)

구분	업종	18.12	19.06	19.12	20.06	20.12
분석업종	미용실	32	32 (0.0%)	34 (6.3%▲)	34 (0.0%)	36 (5.9%▲)
중분류	기타 개인 서비스업	62	67 (8.1%▲)	69 (3.0%▲)	73 (5.8%▲)	75 (2.7%▲)
대분류	수리·개인서비스	81	86 (6.2%▲)	88 (2.3%▲)	91 (3.4%▲)	95 (4.4%▲)

2020년 12월 기준, 단위 : 개(장소)

지역	업종	18.12	19.06	19.12	20.06	20.12
선택영역		32	32 (0.0%)	34 (6.3%▲)	34 (0.0%)	36 (5.9%▲)
서구	미용실(서구)	1,472	1,513 (2.8%▲)	1,567 (3.6%▲)	1,594 (1.7%▲)	1,441 (-9.6%▼)
대전		4,318	4,432 (2.6%▲)	4,552 (2.7%▲)	4,612 (1.3%▲)	4,146 (-10.1%▼)
전국		139,313	142,815 (2.5%▲)	146,625 (2.7%▲)	148,995 (1.6%▲)	136,903 (-8.1%▼)

03/ 매출분석

- **기간별 매출비교분석:** 2020.09월 이후 분석지역은 지속적인 매출액 감소세를 보이고 있으며 이는 COVID 19로 영업제한, 사회적 거리두기 등으로 인한 것으로 판단됨. 고객들이 미용실에서 장시간 머무는 것을 부담스러워 함으로 단시간 시술 가능한 시술품목을 선택하여 매출건수에는 영향을 미치지 않은 것으로 분석됨.

구분	업종		20.07	20.08	20.09	20.10	20.11	20.12
분석업종	미용실	매출액	612	644 (5.2%▲)	594 (-7.8%▼)	576 (-3.0%▼)	571 (-0.9%▼)	546 (-4.4%▼)
		건수	156	160 (2.6%▲)	159 (-0.6%▼)	147 (-7.6%▼)	146 (-0.7%▼)	147 (0.7%▲)

- **성별/연령별 매출비교분석:** 매출은 주로 남성이 **53.6%**로 높게 분석되었고 연령대로는 **30-40대**가 전체의 **67.2%**로 높게 분석되므로 대표자가 지향하는 타겟층과 고객수요가 일치하는 것으로 판단됨.

지역	구분	성별		연령별					
		남성	여성	10대	20대	30대	40대	50대	60대이상
분석영역	매출액	281	243	0	36	161	176	86	42
	비율	53.6%	46.4%	0.0%	7.2%	32.1%	35.1%	17.2%	8.4%

04/ 인구분석

◆ 주거인구
- 주거인구는 총 7,014명이며, 여성의 비율이 50.8%, 40대가 18.5%로 집중되어 있음.
- 분석지역의 총 주거인구가 영업지역반경을 확대할 필요성 있음.

01/인테리어 수정보완

1. 샴푸실 가벽 설치 변경

샴푸실은 프라이빗한 공간으로 고객에게 편안함을 제공해야 하지만 동시에 디자이너의 안전도 확보하여야 함으로 밀폐된 공간처럼 구성되는 것은 피하는 것이 현명함. 외부에서도 디자이너의 시술상황이 파악되도록 설계되어야 함.

2. 제품진열대 위치선정

-대부분 미용실은 점판진열대가 인포메이션에 위치해 있거나 고객의 동선과 멀어 고객의 주목을 끌기에 부적합함.
- 점판용 제품은 고객의 시선동선에 맞추어 시술경대와 가까이 설치하는 것이 매출향상 효과

01/인테리어 수정보완

3. 카펫을 활용한 고객대기석

바닥공사를 하지 않고 현재의 몰탈 상태를 그대로 사용하고자 함으로 편안한 분위기를 표현하고 고급스러운 이미지를 위해 바닥 카펫을 사용할 것을 추천함.

4. 포터블 경대 설치

미용실 규모가 작고 경대설치를 벽면에 하는 것이 용이 하지 않아 삼각형태의 시술대를 매장 중앙에 설치하여 삼면을 경대로 이용하는 아이디어는 매우 적합함.

<u>다만, 공간활용을 위한 움직이는 경대로 제작하고, 삼면을 경대로 사용할 수 있도록 변형 추천..</u>

카펫활용사례: 부평미용실 / 이동식 경대 이미지

02/고객서비스

> **셀프 스타일링 코너/ 제품 셀프 테스트 코너 설치**

- 대기고객이나 시술 중 여유 시간에 고객 스스로 스타일링을 하거나 메이크업/네일아트 등을 할 수 있도록 배려.
- 매장에서 판매하는 제품을 고객이 직접 사용해 볼 수 있는 코너를 만들어 매출향상에 기여하도록 제안.

03 제안사항

03/가격정책

> 경쟁업체가격 비교분석

- 근처 경쟁업체들의 기본 커트 가격은 남 1만5천원/여 2만원으로 분석되었으며, 대표자가 설정한 남 1만7천원/여 2만원과는 큰 차이가 없어 적절하다고 판단됨.
- 대표자의 컨셉이 고급스럽고 프라이빗한 살롱이미지로 운영하고자 하는 것은 시대적, 생활수준향상에 따라 충분한 이유가 있으나 <u>창업초기에는 기존고객들의 잔류가 무엇보다 중요함으로 1~2년간은 기존의 시술가격을 유지하는 것을 권고함.</u>

경쟁업체가격표

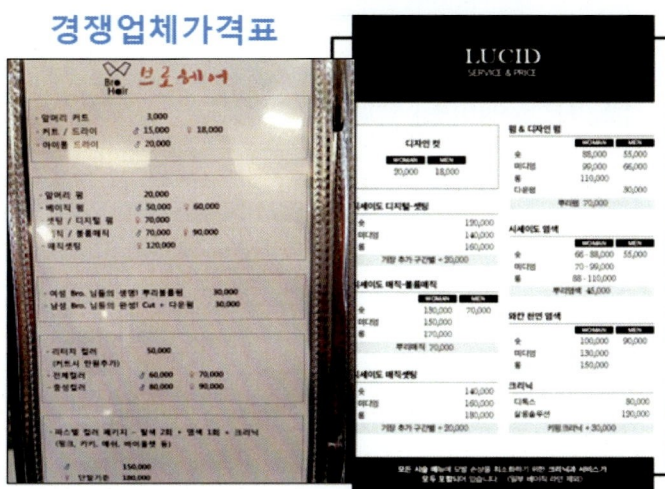

04/ 한시적 마일리지 제도

> 기존 보유고객이탈을 방지하고 고정고객화 전략

　대표자는 최초창업으로 타 미용실에서 근무시 확보한 고객들의 충성도를 유지하고, 바이럴 마케팅을 지속화 시키는 전략이 필요함으로 ' 한시적 마일리지 제도'를 도입할 필요성이 있다고 판단됨.

05/홍보 및 마케팅

➤ **주변 아파트 홍보(전단게시)**
'Made by 솔'은 최초창업이며, 현 위치도 신축 건물로서 인지도가 낮아 주변 아파트를 중심으로 지속적인 홍보가 필요함.

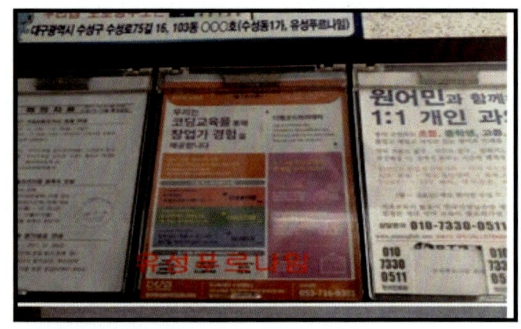

➤ **온라인 홍보 및 마케팅**
젊은 층의 고객을 타겟으로 하고 있으므로 온라인홍보는 필수 적이며, 네이버 플레이스에 등록하는 것이 운영에 효과적임.

스마트 플레이스란?
네이버에 우리 매장을 등록해서 네이버 지도, 통합 검색, 플레이스 등에 노출 하는 서비스
(네이버 지도와 네이버 검색 시 우리 매장에 대한 정보를 나오게 하는 것)

06/고객관리프로그램 도입

- http://www.hairnuri.com 또는 www.handsos.com 등 온라인을 통해 다양한 이용가격과 디테일을 비교하여 선택할 수 있음.
- 고객의 방문 및 시술이력을 통해 고정고객화가 용이하고 혜택제공의 자료로 사용 가능함.

✓ **고객관리 시스템 활용의 장점**
  - 고객정보를 분석하여 홍보와 시술에 활용
  - 일/주/월 별 매출분석 체계적 관리
  - 방문고객수/ 고객의 시술품목/ 소비금액/ 재 방문률 정확히 파악
  - 신규고객 고정고객화

➤ 홍대 고급 1인미용실

'데이 포 유' & '로라살롱'

- 두 살롱 모두 100% 예약제로 운영.
- 한 분의 고객만을 위한 프라이빗 공간 으로 설정
- 예약 고객맞춤형 음료와 다과 준비
- 간결하고 품위있는 실내 인테리어 완비
- 고객맞춤형 헤어제품 사용

❖ 고객마다의 취향과 성격을 고려해 서비스를 사전에 준비하고 만족도를 최상으로 높일 수 있도록 배려하는 고급 1인 미용실로 젊은 층에서 선호도가 높고 시술가격도 높게 형성됨.

심플하고 품격있는 내부 인테리어
고객음료 비치

고급스러운 가격표

구분	수행전상태	수행후 목표(예상치)	성과비율	비고
매출액(월)	350만원	500만원	약 42.8%성장	
순이익(월)	43만원	163만원	약 279%성장	
손익분기점률	84.4%(위험)	59.0%(안전)	약 25.4%감소	

기존 고객의 잔류화 전략
 주변 아파트 홍보, 온라인 홍보 등으로 신규고객 확보
 고객관리 프로그램활용을 통한 철저한 고객관리
 벤치마킹을 통한 1인샵 특성화 전략

.대형프랜차이즈에서의 다년간의 경력과 보유하고 있는 고정고객을 충실히 관리하고 컨설팅과정에서 제안된 권고사항을 성실히 이행한다면 충분한 경쟁력 있음.

★ 미용실 컨설팅 수행하기

1. 업체분석...

2. 상권분석...

3. 컨설팅 제안...

4. 종합의견...

★ 미용실 컨설팅 수행하기

Chapter 2.
피부관리숍 컨설팅 사례연구
Skin care shop Consulting

제품에 맞는 고객을 찾지 말고, 고객에 맞는 제품을 찾아라.

Don't find customers for your products,

find products find your customers

[뷰티매니지먼트]

1. 피부관리숍컨설팅 - 경영진단

피부관리숍 컨설팅 Ⅰ
-경영진단

고객명	사업장 명	컨설팅 분야	컨설턴트 명	컨설팅 기간	보고서 등록일
진**	*바디케어	경영진단, 홍보마케팅	유**	2024.06.18~06.21	2024.06.19

Ⅰ. 컨설팅 기본 정보

1. 신청인 정보

성명	진**	연령 / 성별	48/여
주요 경력	실무경력 6년	e-mail	

2. 업체 정보

업체명	*바디케어	업태 / 종목	서비스/피부미용
사업장 주소	(31091) 충청남도 천안시 서북구 한들3로	사업자등록번호	000-00-00000
창업(예정)일	2019-09-01	면적	24m²
영업시간	10:00~22:00	종업원 수	0
사업 아이템	피부미용		

3. 신청인 요청사항

요청분야	경영진단, 홍보 및 마케팅
요청내용	- 고금리 대출로 인한 경영악화에서 벗어날 수 있는 방법 - 효과적인 홍보전략

■ 98 ■

Ⅳ. 신청분야 현황 분석

1. 신청인 요청사항

- ✓ 대표자(진**)는 6년차 실무경력자로 현위치에서 4년간 영업중이나 코로나19로 인하여 경영난 겪음
- ✓ 월 평균 매출액은 약 700만원으로 1인샵으로서는 비교적 우수한 것으로 보이나 고금리대출이자 및 재료비, 기기 할부금등으로 실질적인 매출이익이 없음.
- ✓ 홍보를 위해 체험단 운영비로 년간 150만원지출하고 있으며, 대표자에 따르면 효과가 있다고 하나 구체적인 파악은 어려움.
- ✓ 온라인 홍보를 주로 하고 있으며, 인스타그램, 네이버 플레이스, 블로그 등을 운영하고 있음.
- ✓ 대표자는 고금리대출이자를 줄이는 방법을 알고 싶어 컨설팅을 신청하게 되었으며, 더불어 효과적인 홍보전략을 요청함.

현 사업장 내.외부 현황

아파트상가1층에 위치하여 상가외부에서 인식이 쉽지 않음

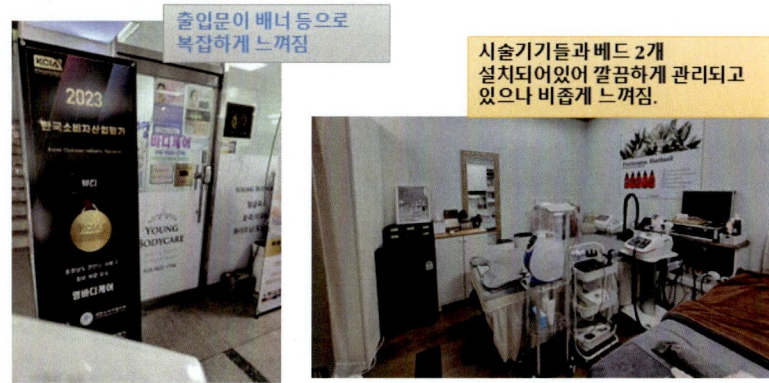

출입문이 배너 등으로 복잡하게 느껴짐

시술기기들과 베드 2개 설치되어있어 깔끔하게 관리되고 있으나 비좁게 느껴짐.

Ⅳ. 신청분야 현황 분석

2. 신청분야 현황 진단

2-1 사업자 역량분석

- (경력) 동종 업종경력6년, 현 위치 4년째 사업운영중임.
- (지식) 피부관련 전문적인 지식을 보유하고 있으며, 가마열 관리를 주 종목으로 하여 영업중이며, 최신 기기관리 시술 역량도 보유하고 있음. 퍼스널컬러전문가, 왁싱 등 다양한 분야기술 보유.
- (기술) 종합미용면허 보유.

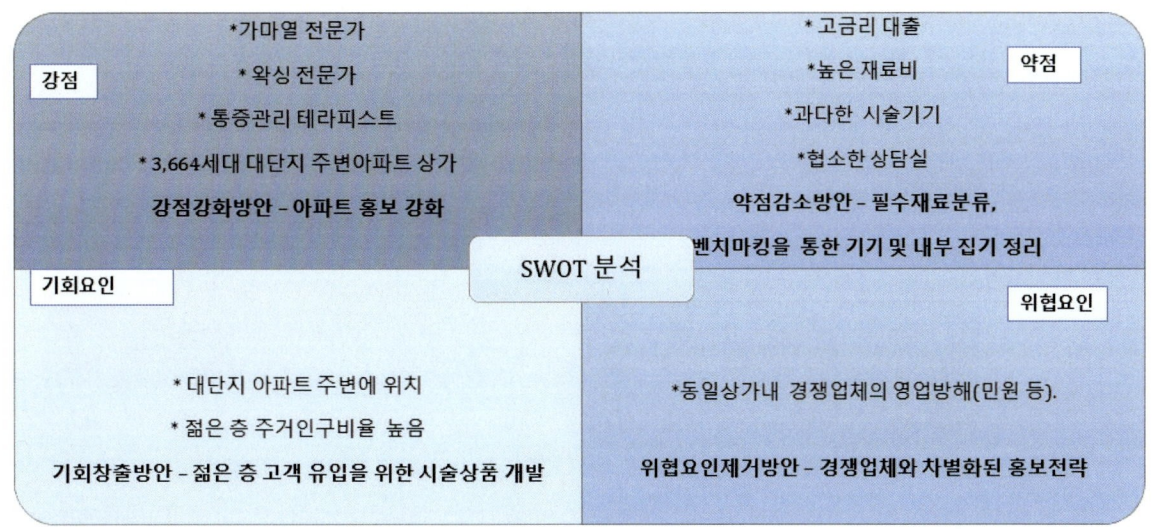

Ⅳ. 신청분야 현황 분석

2. 신청분야 현황 진단

2-2 매출 및 경쟁력 분석

- (매출) 수진업체의 월평균매출은 2024년 5월기준 약700만원이며, 총이익은 약100만원로 분석됨(대표자 상담).
- (경쟁 업체) 2024년 3월 기준 반경 500m 이내에 13개 업체 경쟁중.
- (경쟁력) 경쟁업체의 2024년 3월기준 월평균매출은 약304만원으로 *바디케어보다 매우 낮게 나타났으며, 이는 업종의 특성상 현금 매출 비율이 높기 때문인 것으로 추정됨.

경쟁업체 현황

매출분석

단위: 만원,%

지역	구분	23.03	23.04	23.05	23.06	23.07	23.08	23.09	23.10	23.11	23.12	24.01	24.02	24.03
분석영역	매출	352	332	324	416	406	402	400	384	407	410	457	461	304
	증감율	▲2.9	▼5.7	▼2.4	▲28.4	▼2.4	▼1.0	▼0.5	▼4.0	▲6.0	▲0.7	▲11.5	▲0.9	▼34.1
1km	매출	464	462	477	469	504	504	500	493	451	434	493	500	340
천안시	매출	532	533	553	527	532	553	563	539	509	521	525	551	371

Ⅳ. 신청분야 현황 분석

2. 신청분야 현황 진단

2-3 인구분석

- (유동 인구) 총 **27,061**명이며, 남성의 비율이 **58.3%**, 40대가 **26.8%**로 가장 높게 나타남.
- (주거인구) 주거인구는 총 **14,120**명이며, 남성의 비율이 **50.9%**, 40대가 **20.3%** 로 가장 높게 나타남.

* 30~40대 인구의 비율이 유동인구, 주거인구 모두 가장 높게 분석되므로 분석지역의 인구는 젊은 층으로 이루어져 있으며 대표자의 실질적인 분석으로도 젊은 여성인구의 비율이 높게 인지 함. 따라서 젊은 여성을 타겟으로 한 시술 품목이 필요함.

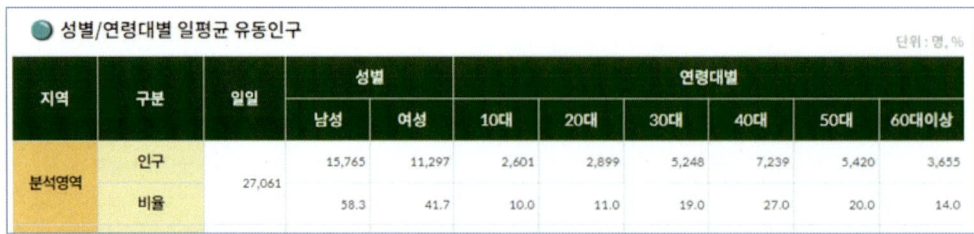

3. 월간 손익분석

*분석결과 실제 총이익은 279.5만원으로 분석되었고, 총 매출의 35.71%를 원 재료비로 지출하고 있어 미용기술서비스업종의 평균적인 원재료 비율인 10%보다 매우 높게 나타남. 높은 대출이자 또한 전체경비의 58.87%를 차지하여 총이익에 부정적인 영향을 끼치는 으로 분석됨.

목록	금액	산출기준
1. 매출액	700만원	월평균매출
2. 매출원가	250만원	원재료비 및 상품구입비
3. 매출이익	450만원	매출액 - 매출원가 = 매출이익
4. 전체경비	170.5만원	아래 인건비부터 이자비용까지 합친 금액
- 인건비	만원	종업원 0
- 임차료	50만원	임차관련 월세 및 관리비 합계(부가세 포함)
- 관리비	10만원	통신비(유선+무선) + 보험 및 렌탈비+ 사업장 차량유지비(있을 시) 등 합계
- 수도광열비	10만원	전기 + 가스 + 수도 등 합계
- 기타경비	12.5만원	홍보비(배달 앱 수수료) 등 경비 미포함 금액
- 감가상각비*	25만원	인테리어비용 1.5백만원/60개월
- 이자비용**	63만원	대출 원금을 제외한 순수 이자(월 상환 원금은 미반영)
5. 총이익	279.5만원	사장님 인건비를 포함한 총이익 (매출이익 - 전체경비 = 총이익)

V. 신청업체(분야) 취약점

진단분야	현황 및 취약점
경영진단	✓ 초기자금을 대부분을 고금리 대출로 충당하여 높은 이자상환이 어려움. ✓ 지속적으로 기기 및 집기를 카드로 구입함 ✓ 시술전문제품구입비용 과다 지출: 전문제품회사의 상술에 의한 패키지 상품 구입 등
매장관리	✓ 협소한 상담실: 상담코너가 출입문 앞에 협소하게 마련됨. ✓ 베드 및 기기등이 사업장에 비해 많아 혼잡해 보임. ✓ 출입문앞 배너등 홍보물 이 오히려 출입을 방해함.
홍보 및 마케팅	✓ 네이버 플레이스, 인스타그램, 블로그 등 운영: 업체 및 시술사진등이 대다수 중복됨. ✓ 아파트 가가호호 전단홍보를 하였으나 경쟁업체의 민원으로 중단함.

VI. 취약점에 대한 개선방안 및 기대효과

분야	개선방안	기대효과
경영진단	➢ 원리금 상환으로 대출원금 줄이기 ➢ 사용하지 않는 집기 중고거래하여 대출 상환 ➢ 시술을 위한 필수제품만 구입하기 ➢ 점판제품 종류 제한하기	▪ 부채감소 ▪ 원재료비 감소 ▪ 효율적인 사업운영
매장관리	➢ 고객 상담을 편안하고 쾌적하게 제공 ➢ 베드 담요 및 타월 흰색으로 교체: 위생적 ➢ 출입문 앞 수건 건조대 및 배너 정리	▪ 고객만족도 향상 ▪ 고객 유입효과 ▪ 매출증대
홍보 및 마케팅	➢ 아파트 게시판 홍보하기 ➢ 부녀회, 입주자 대표회의 임원을 활용한 체험홍보 ➢ 젊은 층 고객을 위한 시술상품 개발 및 홍보	▪ 신규고객확보 ▪ 바이럴 마케팅 효과 ▪ 매출증대

VII. 고객 실행 과제

1. 매장관리 벤치마킹

상담코너 벤치마킹
- 청결하고 편안함을 주며 전문적인 느낌제공할 수 있도록 배려 필요

Ⅶ. 고객 실행 과제

1. 매장관리 벤치마킹

> **출입구 벤치마킹**
> - 피부를 맡겨야 하는 전문살롱으로서 호감가는 인상 구현

벽면을 활용한 전문성어필로 공간 활용도 향상

Ⅶ. 고객 실행 과제

1. 매장관리 벤치마킹

> **시술공간 벤치마킹**
> - 청결하고 편안한 분위기로 고객 만족도를 최상으로 높일 수 있도록 구현

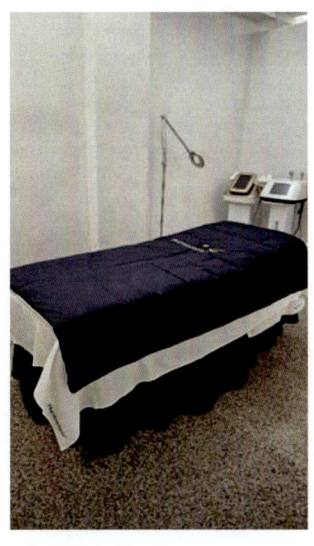
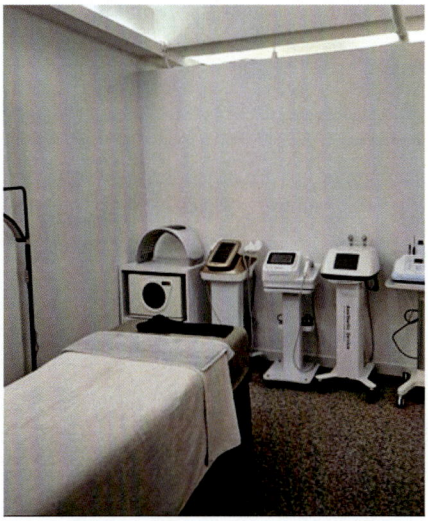
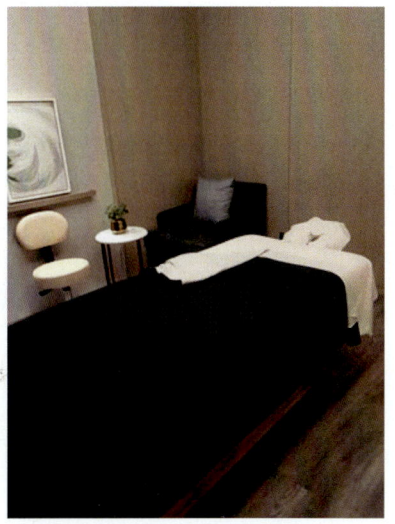

Ⅶ. 고객 실행 과제

2. 아파트 단지 게시판 홍보

- 3,664 세대 의 4개의 아파트 단지 주기적 홍보 가능
- 각 단지별 홍보전단 게시로 업체 홍보
- 아파트 단지 부녀회, 입주자회의 임원진을 활용한 체험 이벤트 제공 - 아파트 단지의 특성상 바이럴 마케팅 효과 상승

아파트게시판홍보전단 참고 자료

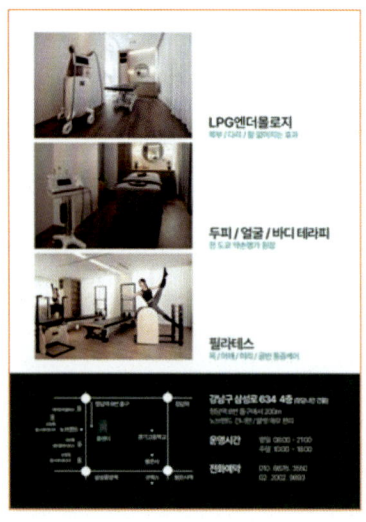

Ⅶ. 고객 실행 과제

3. 젊은 여성고객 타겟팅 틈새 전략 :

- **출산 후 기미관리 특별 이벤트**
- **20대로 돌아가는 브라이트 토닝 모닝 이벤트**

- 한가한 오전 시간대 젊은 주부를 위한 시술 상품 판매
- 단품 판매로 패키지 연결 : 기기관리 상품 주력
- 한번 시술로 효과를 각인시키는 기기관리로 고정고객 확보

이벤트 홍보전단 샘플

VIII. 컨설턴트 종합 의견

☞ 대표자는 4년간의 길지 않은 영업경력을 가지고 있으며, 대출로 인한 재정적인 곤란을 호소하고 있으나 본인만의 특별한 아이템을 가지고 있으며, 피부미용업에 대한 충분한 자부심과 역량을 보유하고 있는 것으로 판단됨.

☞ 재료구입과 소진, 회전 등을 보다 면밀하게 살펴야 할 필요성이 있으며, 적체되어 있는 기기와 제품들을 온라인 또는 할인행사등을 통해 빠르게 현금화 할 필요성이 있음.

☞ **현재 분석업체는 상당한 고정고객을 보유하고 있어 월 매출액이 경쟁업체에 비해 우수한 것으로 분석된 결과 컨설팅에서 제안된 사항들을 경영에 적극적으로 수용하고 반영한다면 보다 성장할 수 있을 것으로 기대됨.**

강 의 노 트

1.

2.

3.

2. 피부관리숍컨설팅 - 점포운영

피부관리숍(왁싱) 컨설팅Ⅱ
-점포운영

고객명	사업장 명	컨설팅 분야	컨설턴트 명	컨설팅 기간	보고서 등록일
홍**	다**왁싱	상권분석 점포운영 홍보및 마케팅	유**	2024.06.27~ 07.02	2024.06.30

Ⅰ. 컨설팅 기본 정보

1. 신청인 정보

성명	홍**	연령 / 성별	35/여
주요 경력	실무경력 2년, 피부미용자격증 보유	e-mail	

2. 업체 정보

업체명	다**왁싱	업태 / 종목	서비스/이.미용/ 네일아트
사업장 주소	(33475) 충청남도 보령시 흥곡천변로	사업자등록번호	000-00-00000
창업(예정)일	2023-03-13	면적	33m²
영업시간	10:00~21:00	종업원 수	0
사업 아이템	왁싱		

3. 신청인 요청사항

요청분야	상권분석, 점포운영, 홍보 및 마케팅
요청내용	- 매출증대를 위한 점포운영 전략 - 매출증대를 위한 홍보전략

IV. 신청분야 현황 분석

1. 신청인 요청사항

- 대표자(홍**)는 창업 2년차로 왁싱 전문가과정을 이수 후 현위치에서 창업함
- 월 평균 매출액은 약 300만원으로 경비를 제외한 순이익은 매우 저조함.
- 온라인 홍보를 주로 하고 있으며, 인스타그램, 네이버 플레이스, 블로그 등을 운영하고 있으나 효과는 크지 않음.
- 주 고객층은 10~50대까지 매우 넓은 연령대를 포함하고 있으며, 남여비율은 5:5 정도로 파악됨.
- 대표자는 컨설팅을 통해 지역내 경쟁업체현황과 고객분석 요청하였으며, 매출증대를 위한 점포운영 전략 및 고객유입을 위한 홍보 전략을 요청함.

신청업체현황

- 업체 외부 및 주변현황 : 주거지역 근린상권 주변 아파트 1,500세대
- 사업장 내부현황 : 깔끔하고 세련됨
- 온라인 홍보 현황 : 단순 안내

IV. 신청분야 현황 분석

2. 신청분야 현황 진단

2-1 사업자 역량분석

- (경력) 창업2년차
- (지식) 옷가게, 바, 농산물 유통등 다양한 사업적 경험 보유, 1년간 왁싱 아카데미 수강
- (기술) 피부미용자격증 보유, 왁싱전문가자격증 2개 보유

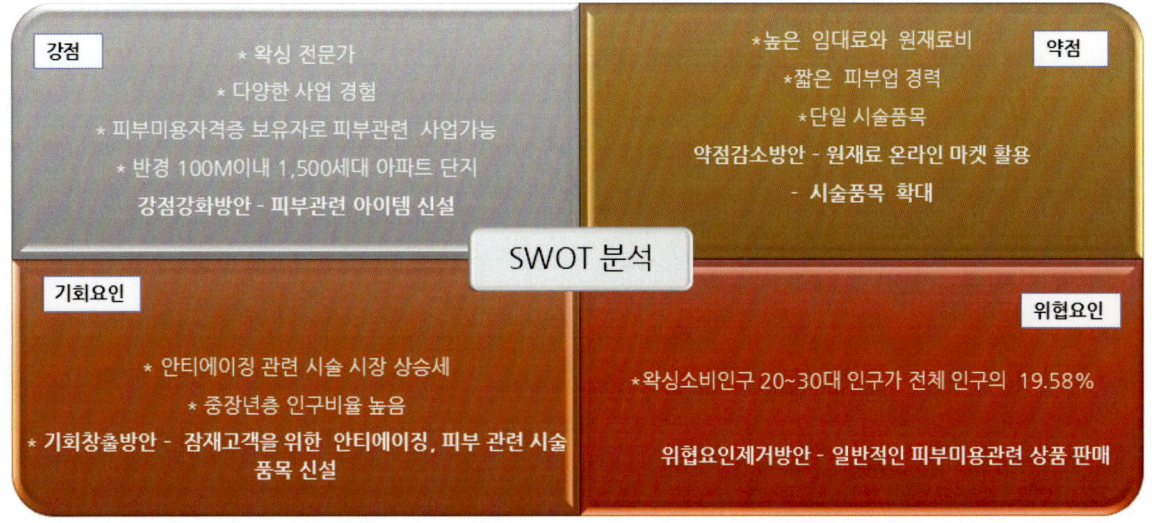

SWOT 분석

강점
- 왁싱 전문가
- 다양한 사업 경험
- 피부미용자격증 보유자로 피부관련 사업가능
- 반경 100M이내 1,500세대 아파트 단지
- 강점강화방안 - 피부관련 아이템 신설

약점
- 높은 임대료와 원재료비
- 짧은 피부업 경력
- 단일 시술품목
- 약점감소방안 - 원재료 온라인 마켓 활용
- 시술품목 확대

기회요인
- 안티에이징 관련 시술 시장 상승세
- 중장년층 인구비율 높음
- 기회창출방안 - 잠재고객을 위한 안티에이징, 피부 관련 시술 품목 신설

위협요인
- 왁싱소비인구 20~30대 인구가 전체 인구의 19.58%
- 위협요인제거방안 - 일반적인 피부미용관련 상품 판매

Ⅳ. 신청분야 현황 분석

2. 신청분야 현황 진단

2-2 매출 및 경쟁력 분석

- (매출) 수진업체의 월평균매출은 2024년 5월기준 약300만원으로 분석지역의 월평균매출 290만원과 대동소이함.
- (경쟁업체) 2024년 3월 기준 반경 500m 이내에 2개 업체 경쟁중이며, 반경1.5km이내에는 5개업체가 경쟁중
- (경쟁력) 수진업체는 대표자의 긍정적인 서비스 마인드와 수준 높은 왁싱 기술, 세련되고 전문적인 내부 인테리어와 넓은 주차 시설 등으로 경쟁력을 갖추고 있음

경쟁업체 현황

매출분석 (단위: 만원, %)

지역	구분	23.04	23.05	23.06	23.07	23.08	23.09	23.10	23.11	23.12	24.01	24.02	24.03	24.04
분석영역	매출	268	270	303	307	305	301	319	410	408	380	397	241	290
	증감률	▼20.2	▲0.8	▲12.2	▲1.3	▼0.6	▼1.3	▲6.0	▲28.5	▼0.5	▼6.9	▲4.5	▼39.3	▲20.3
1km	매출	406	410	422	415	438	415	412	413	414	380	397	241	290

업체분석 (단위: 개, %)

지역	구분	22.11	22.12	23.01	23.02	23.03	23.04	23.05	23.06	23.07	23.08	23.09	23.10	23.11
분석영역	업소수	1	1	1	1	2	2	2	2	2	2	2	2	2
	증감률	0.0	0.0	0.0	0.0	▲100.0	0.0	0.0	0.0	0.0	0.0	0.0	0.0	0.0
1km	업소수	1	1	1	1	2	2	2	2	2	2	2	2	2

Ⅳ. 신청분야 현황 분석

2. 신청분야 현황 진단

2-3 인구분석

- (유동 인구) 총 14,708명이며, 남성의 비율이 56.9%, 60대가 28.8%로 가장 높게 나타남. 주중과 주말 유동인구는 대동소이하였으나 일요일의 유동인구가 가장 낮게 분석됨.

* 인구 분석 결과, 왁싱 소비인구로 분류 가능한 20~30대의 유동인구의 비율은 전체인구의 19.58%로 나타나 왁싱 단일품목만으로 매출증대는 현실적으로 어려울 것으로 분석되었으며, 40대 이상 중 장년층을 겨냥한 피부관리 품목을 추가할 필요가 있음을 시사함.

● 성별/연령대별 일평균 유동인구 (단위: 명, %)

지역	구분	일일	성별		연령대별					
			남성	여성	10대	20대	30대	40대	50대	60대이상
분석영역	인구	14,708	8,370	6,337	1,107	856	1,924	3,419	3,172	4,230
	비율		56.9	43.1	8.0	6.0	13.0	23.0	22.0	29.0

● 주중/주말, 요일별 일평균 유동인구 (단위: 명, %)

지역	구분	주중/주말		요일별						
		주중	주말	월	화	수	목	금	토	일
분석영역	인구	15,284	13,081	15,198	15,680	14,788	15,371	15,390	13,318	12,845
	비율	53.9	46.1	14.8	15.3	14.4	15.0	15.0	13.0	12.5

3. 월간 손익분석

* 분석결과, 실제 총 이익은 57만원으로 매우 낮은 것으로 나타났음. 원인으로는 임차료가 110만원으로 총 매출의 36.66%로 높은 고정비 지출이 부정적인 재정상황의 문제로 분석되었으며, 원 재료비 역시 총 매출의 20%를 차지하고 있어 지출하고 있어 순이익을 도출하는 데 어려움을 가중시키는 요인임.

목록	금액	산출기준
1. 매출액	300만원	월평균매출
2. 매출원가	60만원	원재료비 및 상품구입비
3. 매출이익	240만원	매출액 - 매출원가 = 매출이익
4. 전체경비	183만원	아래 인건비부터 이자비용까지 합친 금액
- 인건비	만원	종업원 0
- 임차료	110만원	임차관련 월세 및 관리비 합계(부가세 포함)
- 관리비	10만원	통신비(유선+무선) + 보험 및 렌탈비+ 사업장 차량유지비(있을 시) 등 합계
- 수도광열비	10만원	전기 + 가스 + 수도 등 합계
- 기타경비	5만원	홍보비(배달 앱 수수료) 등 경비 미포함 금액
- 감가상각비*	33만원	인테리어비용 2천만원/60개월
- 이자비용**	15만원	대출 원금을 제외한 순수 이자(월 상환 원금은 미반영)
5. 총이익	**57만원**	**사장님 인건비를 포함한 총이익 (매출이익 - 전체경비 = 총이익)**

V. 신청업체(분야) 취약점

진단분야	현황 및 취약점
상권분석	✓ 상권분석 없이 2023년 3월 창업 ✓ 경쟁업체 분석 요청 ✓ 고객분석 분석 요청
점포운영	✓ 원 재료비 월 평균 60만원: 월 평균매출300만원 대비 높음. ✓ 왁싱 단일 품목으로 매출 증대에 한계 있음.
홍보 및 마케팅	✓ 네이버 플레이스, 인스타그램, 블로그 등 운영: 적극적인 활동 아쉬움, 이벤트 안내 위주로 업로드. ✓ 고객이 보고 싶은 업체 정보 업로드필요

VI. 취약점에 대한 개선방안 및 기대효과

분 야	개선방안	기대효과
상권분석	➢ 경쟁업체 분석을 통한 점포운영 개선 ➢ 고객분석 데이터를 반영한 시술상품 및 고객서비스 개선	▪ 경쟁력 제고 ▪ 고객 맞춤형 서비스 제공 ▪ 고객만족도 향상
점포운영	➢ 원재료 절감-낱개 구매, 온라인 상품 활용 ➢ 새로운 시술상품 개발 및 도입 - 속눈썹 연장, 세미퍼머넌트 메이크업, 메디컬 에스테틱 상품 등.	▪ 원가절감 ▪ 고객범위확대 ▪ 매출증대
홍보 및 마케팅	➢ 시술사진 등 고객호응을 위한 사진 업로드 ➢ 대표자 기술력 홍보를 위한 자료 업로드 ➢ 트랜드 디자인 구현 홍보	▪ 업체전문성 제고 ▪ 업체신뢰도 향상 ▪ 신규고객 유입 ▪ 매출증대

VII. 고객 실행 과제

1. 원가절감

> ➢ 온라인 마켓 활용
> - 왁싱샵의 경우 일반적으로 오프라인 업체를 통해 전문제품을 비싼 가격에 구매함
> - 온라인마켓을 이용하는 경우 원하는 재료를 다양한 혜택과 할인된 가격에 소량 구매 가능함 : 목돈지출방지와 반품, 구매시기를 특정 할 수 있음.
> - 왁싱 - AliExpress
> - Search 왁싱워머 | SHEIN KOREA

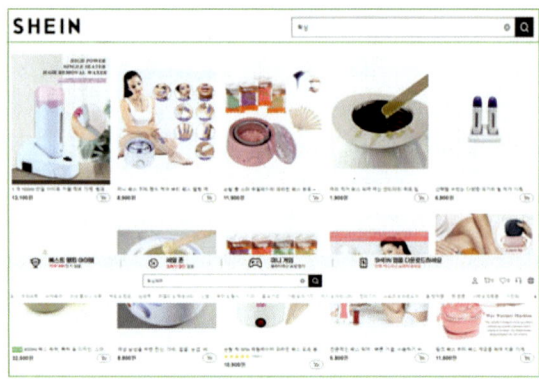

Ⅶ. 고객 실행 과제

2. 피부관련 시술상품 확대

① 속눈썹 연장

- 교육시간, 교육비를 최소화 할 수 있는 상품
- 20~50대까지 여성고객을 상대로 판매 가능한 상품
- 가격대 : 1회 시술 4만원~6만원대 형성
- 시술시간 : 약40분
- 뉴 트랜드 상품: 글루없는 속눈썹 연장술 출시 (2024년 신상품)
- 지역 유동인구 유입가능
- 왁싱상품보다 폭넓은 고객 확보 가능
- 계절 상관없이 일상적인 상품으로 자리매김

Ⅶ. 고객 실행 과제

2. 피부관련 시술상품 확대

② 세미 퍼머넌트 메이크업 : 남성과 여성 모두 유행하고 있는 반 영구 화장

- 눈썹, 입술, 헤어라인 등 요즘 대세로 자리잡고 있는 피부관련 상품
- 가격대: 1회 시술 10만원~30만원
- 고객층: 20~60대 까지 넓게 형성
- 고정고객 확보 유리
- 바이럴 마케팅이 강한 상품

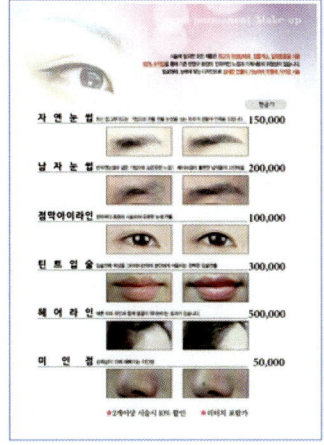
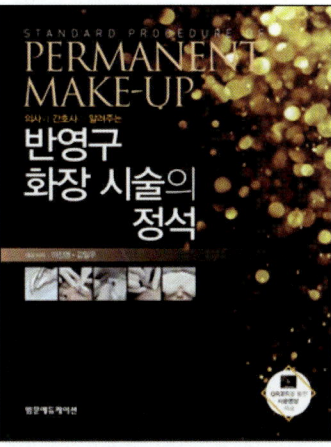
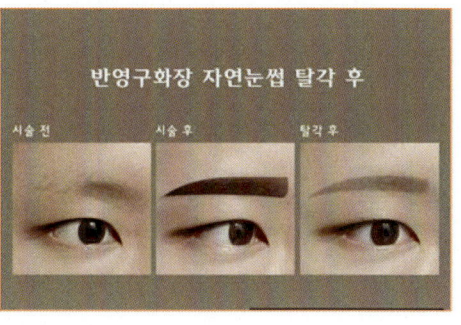

Ⅶ. 고객 실행 과제

2. 피부관련 시술상품 확대

③ 안티에이징 피부관리: 토닝, 울쎄라 등 메디컬기기관리
- 노화피부 관리
- 에스테틱 허가 메디컬 기기 사용
- 기기구입과 동시에 사용법 교육가능
- 가격대: 1회 시술 5만원~40만원 이상
- 고객층: 40대 이상~
- 소비능력이 있는 고객대상
- 반복적인 관리- 고정고객 확보 유리

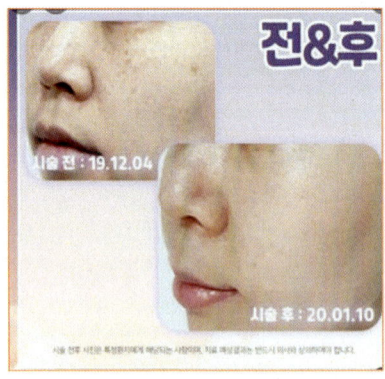
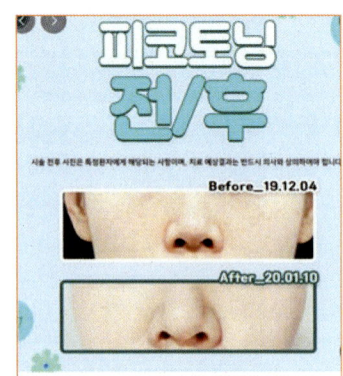

Ⅶ. 고객 실행 과제

3. 온라인 홍보 강화

- 인스타 그램 시술사진 업로드
- 매일 1회 업로드
- 타 인스타그램 팔로우 이웃 추가
- 네이버 플레이스 연동 및 시술사진 업로드

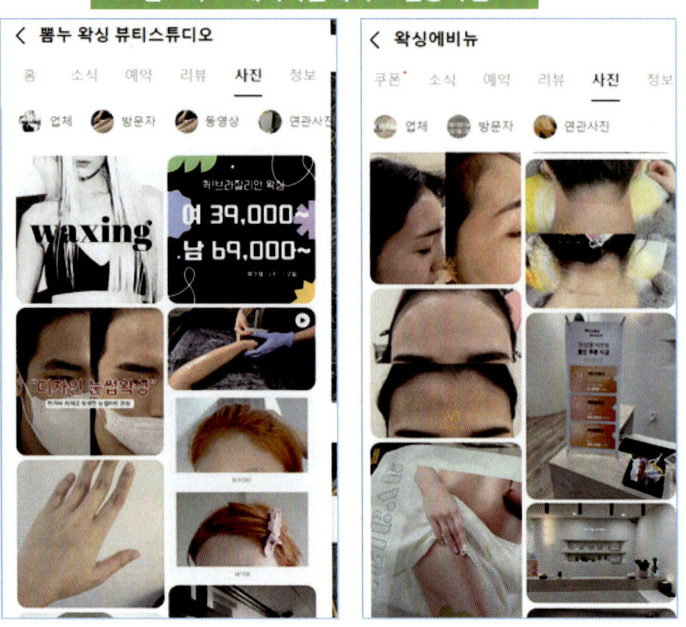

VIII. 컨설턴트 종합 의견

- 대표자는 창업2년차로 피부관련업종의 경력은 많지 않으나 10년 이상의 옷가게 등 판매 서비스 경험을 보유하고 있음.
- 현 점포운영분석 결과 순이익이 약 57만원으로 매우 낮게 분석되었으나 대표자가 영업을 계속하고자 하는 의지가 강하고, 세련된 사업장인테리어와 넓은 주차시설 등 경쟁력을 갖추고 있음.
- 상권분석결과 유동인구 및 아파트 단지의 규모 등 피부관련 시술상품을 판매할 수 있는 상권이 형성되어 있는 것으로 판단되므로 잠재고객을 타겟으로 영업전략을 수립하여야 할 것으로 판단됨.
- '다** 왁싱'은 단일 상품 판매전략을 수정하여 고객의 범위를 넓히기 위해 피부관련 시술상품을 신설하는 것이 매출 증대를 위한 전략이 될것 임.
- 대표자의 피부미용 자격증을 활용하여 단기간의 교육을 통해 시술할 수 있는 상품을 판매하는 것이 매출 향상에 직접적인 효과를 가져올 것으로 기대됨.

강 의 노 트

1.

2.

3.

3. 피부관리숍컨설팅 – 재무컨설팅

피부관리숍(태닝) 컨설팅Ⅲ
-재무컨설팅

고객명	사업장 명	컨설팅 분야	컨설턴트 명	컨설팅 기간	보고서 등록일
김**	르미**	재무관리	유**	2021.00.00	2021.00.00

01/ 역량 및 운영내역
◆ 주요사항
- 대표자(김**)은 실무경력 8년차 로 최초 창업
- 헤어, 피부, 네일 등 유사 분야 기술 보유
- 주 고객층 : 20~50대 고객 남녀 비율 8:2로 남성고객비율이 매우 높음
- 최초 창업으로 '태닝'을 주 아이템으로 하고 있으나 '왁싱'시술을 추가 로 고려중임.

◆ 컨설팅요청 사항
- 부가가치세 절세방안
- 매출순이익 계산 방법
- 자산관리 방안
- 추가 아이템 지역 정보분석(벤치마킹업체 선정)

구분	구분	현황	비고
사업자능력	경력, 자격	2020년 10월 창업 태닝 및 왁싱 경력 8년/미용사자격증보유	
사업운영	인적자원	대표자 1인	
	고객관리	스마트 쌤	
	마케팅활용	인스타그램, 블로그 운영	

02/ 사업장 환경분석

당진시 남부로 인근 근린주택 내 위치

- '르미에르'는 근린주택 상가 2층에 위치하고 있으며 접근성은 보통수준으로 판단됨
- 주차시설 및 편의성 우수함
- 현재 당진시내에 22개의 왁싱 시술업체가 경쟁 중(2021년 10월 기준)이며 태닝을 주요 시술 품목으로 하는 업체는 파악되지 않음.
- 보유고객은 주로 20-50대 로 남성의 비율이 80% 차지하며, 원 거리 고객도 다수 보유함.
- 내부 인테리어는 현대적으로 잘 갖추어져 있으며, 왁싱 아이템 을 추가할 수 있는 충분한 공간 보유.
- 고객 편의시설 및 시술동선 우수함.

사업장내부환경, 태닝 설비

사업장전면

사업장 주변 환경

01/ 주변상권개요

- 분석지역: 당진 먹거리길 42-19 반경 700M
- 분석시점: 2021. 08월 기준
- 업종 : 피부/비만관리
- 특성 : 근린상가지역.
- 상권: 상권평가지수는 47.0점, 등급은 총 5등급중 3등급으로 전월대비 -1.5%하락한 것으로 분석됨.
- 태닝샵은 일반 피부관리 중 특수관리이며 업종이 별도로 구분되지 않아 유사 업종인 피부/비만관리 업종을 분석대상으로 함.

분석영역의 상권등급은 총 5등급 중 3등급 입니다.

47.0점

전월 47.7점 전월대비 ▼1.5%

상권명	업소수	선택업종 총 매출/건수		인구			지역		
		총액(만원)	건수	주거	직장	유동	주요시설	학교	교통
핵심상권	6	1,061	36	9,595	1,049	10,864	32	0	21

상권평가지수(100점만점)			성장성	안정성	영업력	구매력	집객력
전월	현재	증감률					
47.7	47.0	-0.7%	13.3점	6.8점	4.8점	13.2점	8.9점

[뷰티메니지먼트]

02/ 매출분석

-2021년 8월 기준 분석지역의 평균 매출액은 1,061만원으로 유사상권의 1,313만원보다 약 19% 가량 낮은 것으로 파악됨. 분석상권의 등급은 유사하나 유동인구가 적고 아직 개발지역이며 상권 밀집지역이 아니므로 영업력과 집객력이 낮은 결과로 판단됨.

* '르미**'의 경우 특수관리인 '태닝'을 주요 판매품목으로 하고 있어 위의 분석 결과를 적용하기에는 무리가 있을 것으로 판단되며, 특히 보유고객의 분포도가 당진, 서산 및 외곽에서 찾아오는 고객이 많아 지역적 한계를 두는 것은 의미가 없어 보임.

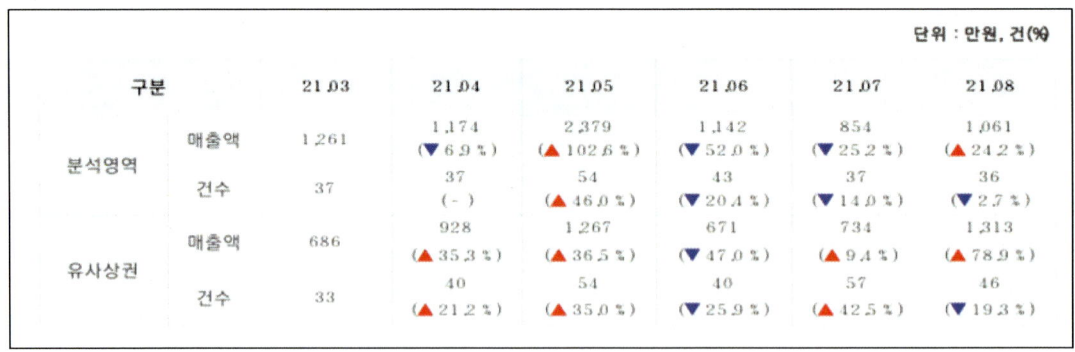

03/ 인구분석 1

- '르미**'의 고객층의 분포지역이 넓기는 하나 잠재 구매고객의 분석을 위하여 인구 분석이 필요할 것으로 판단됨

➤ 유동인구 분석

-분석지역의 유동인구중 63%가 남성이며, 40대가 전체의 26.8%로 가장 높게 분석됨. 이는 '르미**'의 타겟 고객층과 일치하여 잠재 고객 발굴에 도움이 될 것으로 기대됨.

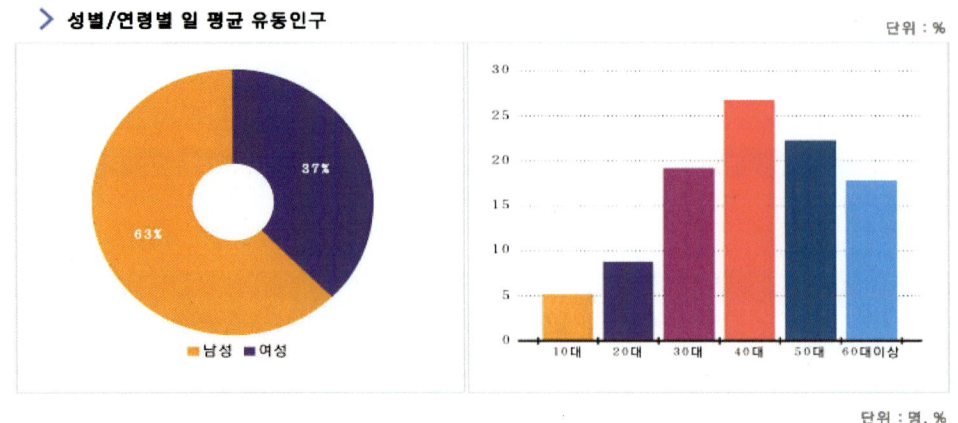

01/부가가치세 절세 방법

1. 부가가치세(매년 1월25일/ 7월25일)

- ✓ '르미**'는 창업 1년차로 간이과세자로 운영중
- ✓ 간이과세자도 부가가치세 신고는 의무이며, 4천 8백만원이 넘을 경우 세금을 납부해야 하므로 매입대금과 매출대금 관리를 철저히 해야함.

간이과세자 기준: 연매출액 8천만원이하 사업자
연매출액이 4천 8백만원이하 사업자 부가세 면제

> **절세를 위한 사업자 매입 자료 준비 (부가가치세를 납부한 품목)**

1. 원재료비
2. 업체내에서 필요한 비품 및 생활용품 구입비용
3. 교육비
4. 교통비(교육 등 업무관련 출장)

> **부가세 절세를 위한 카드 및 현금영수증 등록**

사업자카드와 현금영수증 자동발행 등록을 해 놓으면 매입세액을 공제 받을 수 있도록 임의로 조정 가능함.

1. 홈텍스 홈페이지 사업자 카드 등록
2. 현금영수증 자동발행을 위한 등록

03 제안사항

02/종합소득세 절세

- ✓ 종합소득세의 경우 세무사를 이용하는 것이 편리하며 매년 5월 납부시기에 의뢰하는 것이 비용절감에 효과적
- ✓ 과세표준 = 종합소득금액-소득공제

절세방법	내역
부가가치세가 있는 거래	영업관련 부가세 포함 매입비용 -카드 , 세금계산서매입
부가가치세 가 없는 거래	간이영수증 수도요금, 교통비, 보험료
영수증 없는 거래	임차료, 카드수수료, 사업과 관련된 대출이자
건당 20만원 이하의 거래처 경조사비	접대비, 경조사비,
인건비 및 직원비용	원천세 신고 및 지급명세서 신고 건
연금 및 적금을 이용한 추가공제	총 700만원까지

과세표준	세율(%)
1,200만 원 이하	6
1,200 ~ 4,600만 원	15
4,600 ~ 8,800만 원	24
8,800 ~ 1억 5천만 원	35
1.5 ~ 3억 원	38
3 ~ 5억 원	40
5 ~ 10억 원	42
10억 원 초과	45

02/매출순이익 산출 방법

1. 매출순이익 산출 공식
   1) 매출 순이익 = 매출총액-(고정비+변동비+감가상각비)
   2) 당기 순이익 = 매출 순이익-세액

❖ 일반적인 1인 사업체의 고정비와 변동비

고정비	변동비
임대료	원 재료비
사업주 인건비	통신비(핸드폰비용 사업자용카드)
보험료(화재, 일상생활배상)	수도광열비
렌탈비용(인터넷, 정수기, POS, 보안)	카드수수료(매출액 0.5~0.8%) 네이버 페이 2.0%
협회비	다과 음료구입비
	소모품 구입비

03/자산관리

* **주거래 은행 만들기 장점**
- 개인신용도 상승, 우수고객으로서 금리 우대, 우수 고객 특별혜택, 캐시백, 포인트 적립혜택

1. 연금을 이용한 자산 늘리기

노란우산공제	개인형 IRP 퇴직연금
- 소기업과 소상공인의 퇴직금(목돈마련) - 소득공제혜택: 연 500만원까지 가능 - 기준이율: 2021년 기준 연 2.2% - 공제금 지급액 = 기본공제금+ 부가공제금	- 소액가입가능 - 노후준비자금활용 - 세액공제 혜택: 　연금저축합산 400만원 +퇴직연금 300만원 총700만원까지 가능(세액공제율 16.5%) - 시중은행에서 가입가능

2. 적금을 이용한 자산 늘리기

신한은행 가맹점 Swing 적금
- 사업자 통장 연계
- 매일 카드매출액 중 일정비율 자동입금
  (최고 20%까지, 월 100만원 한도)

- 장점
  통장에서 자동 이체
  별도의 약정 필요 없음
  상대적으로 높은 이자율
  자동으로 비례 이체

당진 왁싱 샵
'베리왁싱 N 에스테틱'

* '르미에르'는 매출신장을 위하여 왁싱메뉴를 추가할 계획이므로 당진시 평점 4.98/5의 우수한 업체를 베치마킹 업체로 선정함.
- 현재 당진시내에 22개의 왁싱 업체가 운영중인 것으로 파악됨.
  - '베리왁싱 N 에스테틱'은 방문자 리뷰 494건, 블로그 리뷰 397건으로 매우 활성화 된 업체로 판단됨
  - 왁싱과 피부관리 전문샵
  - 네이버 예약 활용 및 신규고객 유치 이벤트 활용
  - '르미에르'는 현재 인스타그램을 효과적으로 활용하고 있으나 왁싱으로 메뉴를 확장할 경우 일반 고객들도 손쉽게 접근 가능한 네이버 플레이스 활용도 추천함.

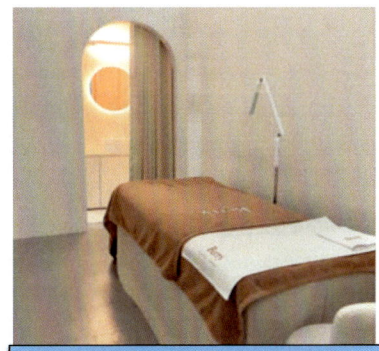
안정감있는 시술공간 인테리어

고객신뢰도 향상을 위한 인테리어

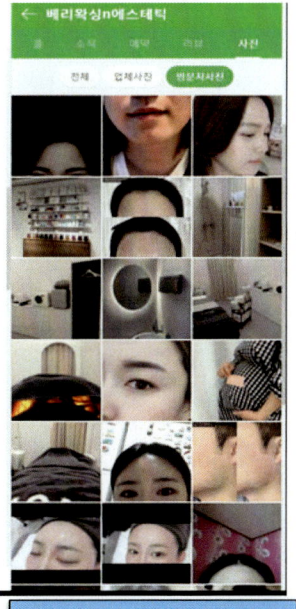
스마트 플레이스 활용

구분	수행전상태	수행후 목표(예상치)	성과비율	비고
매출액(월)	750만원	1,000만원	약 33.3%성장	
순이익(월)	103만원	265만원	약 154.8%성장	
손익분기점률	78.6%(요주의)	59.0%(안전)	약 19.6% 개선	

➢ '르미**'는 현재 '태닝' 단일 품목으로 영업중이며 '왁싱' 메뉴를 추가한다면 신규고객확보 및 고정고객 시술 추가로 매출상승에 긍정적 효과가 기대됨.

➢ 최초 창업 1년차로 세금 관련 정보를 요청하였고, 제안된 사항들을 업체상황에 적절히 적용하여 이행한다면 대표자가 희망하는 절세와 자산관리가 충분히 이루어 질 수 있을 것으로 기대됨.

➢ 신세대 사업자로 컴퓨터 사용 능력과 세무관련 이해능력이 우수하여 스스로 세무신고와 절세 노하우 활용이 가능하여 비용절감이 충분하다고 판단됨.

4. 피부관리숍컨설팅 – 시술아이템

피부관리숍 컨설팅 V
-시술아이템

고객명	사업장 명	컨설팅 분야	컨설턴트 명 (연락처)	컨설팅 기간	보고서 등록일
곽**	뷰티에*	시술아이템	유**	2024.03.22	2024. 3. 25

I. 컨설팅 기본 정보

1. 신청인 정보

성명	곽**	연령 / 성별	31/여
주요 경력	실무경력 3년차, 숭*사이버대 미용전공	e-mail	

2. 업체 정보

업체명	뷰티*잇	업태 / 종목	서비스/이.미용/ 네일아트
사업장 주소	천안시 서북구 두정상가길	사업자등록번호	000-00-00000
창업(예정)일	2021-10-13	면적	52.8m²
영업시간	10:00~18:00	종업원 수	0
사업 아이템	속눈썹 연장/속눈썹 펌		

3. 신청인 요청사항

요청분야	점포운영
요청내용	- 피부관련 사업아이템 제안

II. 신청분야 현황 분석

1. 신청인 요청사항

- 신청인은 숭*사이버대학에서 미용을 전공하고 종합면허를 취득하여 피부관련 미용분야에 입문함.
- 현 위치에 3년전 창업하였으며 아이의 양육과 병행 운영하는 관계로 영업시간은 10시~16시로 경쟁업체보다 영업시간이 짧음.
- 사업장내에 두피관련 1개업체와 왁싱 1개업체에게 임대를 주어 임대수익을 올림.
- 현 사업장 반경 500M이내에 동종 경쟁업체 33개가 경쟁중으로 치열한 경쟁으로 매출향상에 어려움이 있어 현재 사업아이템 외에 사업장을 활용하여 운영 가능한 사업아이템 제안 요청

프라이빗한 시술공간과 깔끔한 사업장 내부

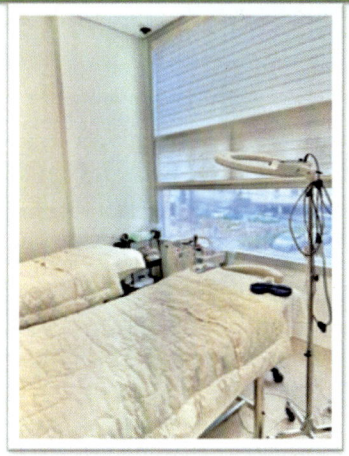

II. 신청분야 현황 분야

2. 신청분야 현황 진단

2-1 사업자 역량분석

- (경력) 동종 업종경력10년, 현 위치 3년째 사업운영중임.
- (지식) 피부관련 전문적인 지식을 보유하고 있으며, 속눈썹 펌 및 연장 시술을 위한 우수한 테크닉 보유함.
- (기술) 종합미용면허 보유.

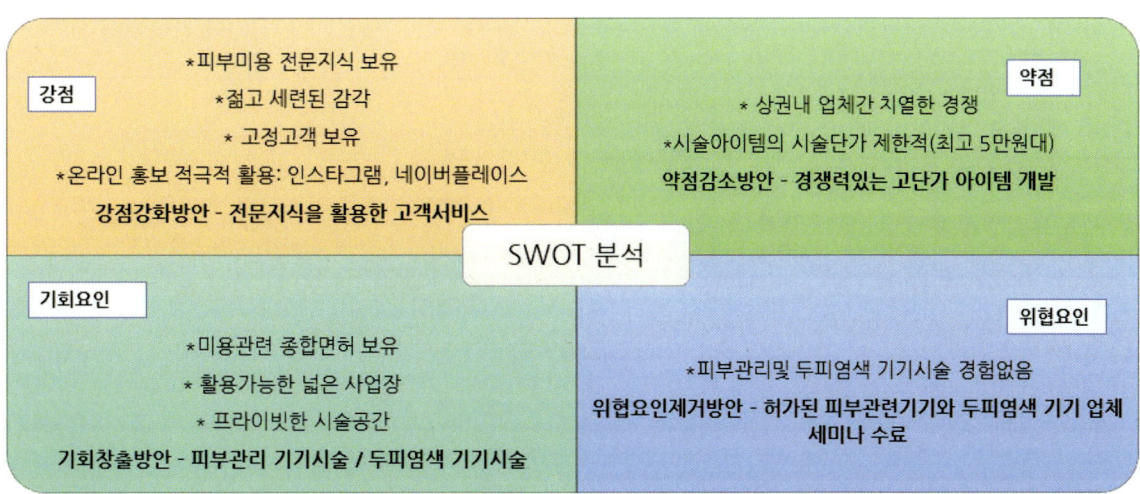

II. 신청분야 현황 분야

2. 신청분야 현황 진단

2-2 매출 및 경쟁력 분석

- (매출) 수진업체의 월평균매출은 2024년 3월기준 약355만원이며, 총이익은 약2143만원로 분석됨.
- (경쟁업체) 2024년 3월 기준 반경 500m 이내에 33개 업체 경쟁중.
- (경쟁력) 임대수익을 제외한 월평균매출은 약280만원으로 주변경업체의 2024년 1월 기준 432만원보다 35.18% 낮게 나타남.

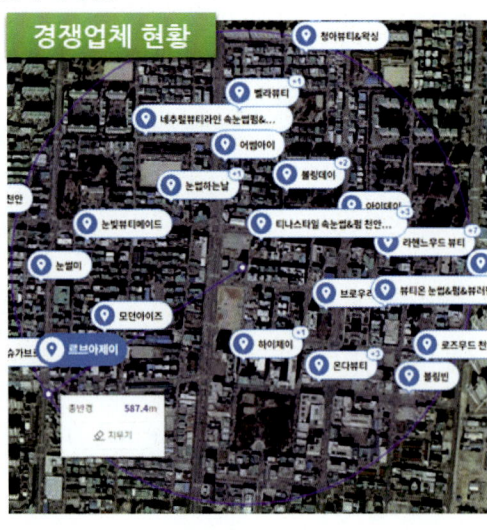

매출분석

단위 : 만원, %

지역	구분	23.07	23.08	23.09	23.10	23.11	23.12	24.01
분석영역	매출	421	414	425	407	355	409	432
	증감률	▲ 6.31	▼ 1.66	▲ 2.66	▼ 4.24	▼ 12.78	▲ 15.21	▲ 5.62
1km	매출	710	720	719	702	666	708	446
천안시	매출	552	553	563	539	509	521	525
충남	매출	458	459	465	452	417	437	438
전국	매출	653	651	649	652	619	638	638

3. 월간 손익분석

★ 분석결과 사업아이템의 시술단가가 최고 5만원대로 제한적이므로 매출 향상에는 한계가 있음.

목록	금액	산출기준
1. 매출액	355만원	월평균매출 + 샵인샵 임대료 수입 75만원포함
2. 매출원가	20만원	원재료비 및 상품구입비
3. 매출이익	335만원	매출액 - 매출원가 = 매출이익
4. 전체경비	143.6만원	아래 인건비부터 이자비용까지 합친 금액
- 인건비	0만원	종업원 인건비
- 임차료	77만원	임차관련 월세 및 관리비 합계(부가세 포함)
- 관리비	30만원	통신비(유선+무선) + 보험 및 렌탈비+ 사업장 차량유지비(있을 시) 등 합계
- 수도광열비	0만원	전기 + 가스 + 수도 등 합계(관리비에 포함)
- 기타경비	10만원	홍보비(배달 앱 수수료) 등 경비 미포함 금액
- 감가상각비*	25만원	인테리어비용 1,500만원/60개월
- 이자비용**	1.6만원	대출 원금을 제외한 순수 이자(월 상환 원금은 미반영)
5. 총이익	191.4만원	사장님 인건비를 포함한 총이익 (매출이익 - 전체경비 = 총이익)

III. 신청업체(분야) 취약점

진단분야	현황 및 취약점
사업아이템	● 사업아이템의 한계점 - 속눈썹 연장과 펌은 시술단가가 상대적으로 낮은 미용 아이템 - 시술품목의 특성상 고객1인에게 소요되는 시간이 약 1시간 정도로 동 시간대 여러 고객의 시술어려움.
점포운영	● 매장을 2개의 샵인샵 임대를 주어 임대수익으로 임차료를 감당함. - 메인 아이템으로 발생하는 월 매출만으로는 사업자의 임금을 확보하기 어려움.
고객관리	● 고객관리 시스템 없이 수기로 작성 - 고객정보관리와 정기적인 소통을 위한 고객관리 시스템 없음.

IV. 취약점에 대한 개선방안 및 기대효과

분 야	개선방안	기대효과
사업아이템	➤ 피부 관리기기 시술 제안: 보유하고 있는 전공분야 지식 활용 - 에스테틱 레이저 토닝 시술 : 요즘 핫한 시술로 얼굴의 주름 개선, 화이트닝, 피부 톤 개선효과	▪ 높은 시술단가 형성 ▪ 기존고객 전환효과 ▪ 매출증대
점포운영	➤ 사업장 잉여공간 활용 : 두피염색 시술 제안 - 탈모 및 빈모 고객 을 위한 두피염색 시술	▪ 샵인샵 임대수익보다 높은 매출 가능 ▪ 기존고객 전환효과 ▪ 고정고객 확보
고객관리	➤ 고객관리 시스템 활용 - 고객정보 관리로 고정고객 확보 - 고객 소통 및 혜택 제공	▪ 단골고객 충성도 제고 ▪ 재방문률 상승

V. 고객 실행 과제

1. 피부관리 기기 시술 : 레이저 토닝

1) 에스테틱용 피부 레이저 토닝 기술 연수
- 온라인 강의도 있으나 실습은 대면강의로 하는 것을 추천
- 기기 업체의 세미나 활용 우선

2) 기기 선택
- 다양한 업체들의 기기를 비교 분석
- 기구의 가격 대비 설정 가능한 객단가 산출 필요

3) 온라인 강의 참고 자료
https://youtu.be/6SEb2qocHOQ (플라즈마)
https://youtu.be/IHqB9O0yTqY?t=6 (레이저 토닝 종류 및 효과교육)
https://youtu.be/CTJNRyu0JnI?t=8 (기기 선택 내용)

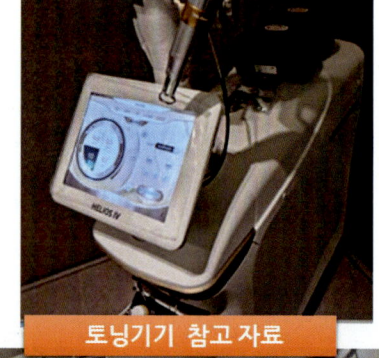

토닝기기 참고 자료

V. 고객 실행 과제

2. 두피염색시술 Scalp Micropigmentation

1) 피부관리실 용으로 허가된 기기를 이용하여 두피염색시술
- 탈모 및 빈모고객들에게 모발이 풍성하고 채워진 스타일로 변화 시키는 시술로 요즘 대세로 자리잡음
- 짧은 교육시간 : 2~4시간 교육 후 시술 가능
- 기기의 발달로 안전하게 시술가능

2) 기기 선택
- 다양한 업체들의 기기를 비교 분석 필요

3) 시술기기 시술 참고 자료
https://youtu.be/eHT7_YjGxMM?t=17
https://youtu.be/TdV4vnaNNU4?t=22
https://youtu.be/RjrCub2PSYs?t=22

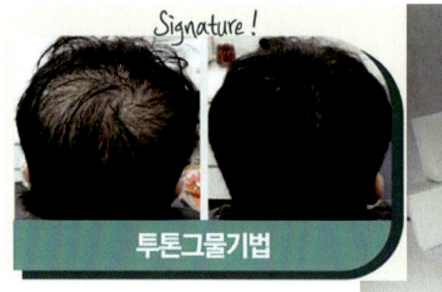

투톤그물기법

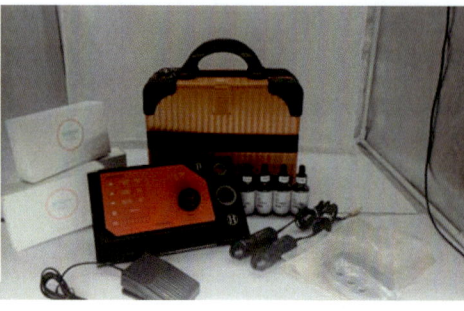

SMP기기 참고 자료

V. 고객 실행 과제

3. 고객관리프로그램 활용

1) 업체맞춤형 고객관리 프로그램선택
- 다양한 프로그램을 분석하여 저렴하고 잘 구성된 프로그램 선택하는 것이 중요함
- 결제시스템과 연동하여 무료로 제공하는 업체도 있음

2) 고객관리프로그램 중요요소
① 고객데이터 안전성
② 문자서비스 가능여부
③ 매출분석 및 수익분석
④ 고객정보 수록 편리성

피부관리실고객관리프로그램참고사이트

https://www.beauty-sarang.net/
https://www.thinkofyou.kr/
https://beauty.yonggam.com/

VI. 컨설턴트 종합 의견

❖ 대표자는 2살 자녀를 양육하며 사업을 운영중이며, 현재 매출과 운영에 큰 불만은 없으나 향후 피부관련 분야로 사업 아이템을 확대하고 싶어함.

❖ 신청인은 전문적인 지식과 감각을 보유하고 있으므로 사업아이템을 정비하고 차분히 준비한다면 사업을 성장시킬 수 있는 자질이 충분하다고 판단됨.

❖ 현재 아이템은 객 단가가 높게 책정될 수 없는 한계가 있으므로 컨설팅을 통해 신청인과 함께 도출한 객단가가 높은 시술 아이템인 1. 레이저 토닝 시술, 2 두피염색시술 을 도입하여 영업에 활용하면 매출증대에 매우 효과적일 것으로 기대됨.

❖ 현재 사용하지 않은 고객관리시스템을 도입하여 활용하면 기존고객들의 효과적인 관리와 더불어 새로운 시술상품으로 고객을 유입시키는데 효율적으로 사용할 수 있음.

★ 피부관리숍 컨설팅 수행하기

1. 업체분석...

2. 상권분석...

3. 컨설팅 제안...

4. 종합의견...

★ 피부관리숍 컨설팅 수행하기

Chapter 3.
네일숍 컨설팅 사례연구
Nail shop Consulting

> 전략적으로 올바른 것을 하는 것이
> 당장 수익을 내는 것을 하는 것보다 더욱 중요하다.
> It is more important to do what is strategically right than what is immediately profitable.

1. 네일숍컨설팅 – 점포운영

네일숍 컨설팅 I
-점포운영

고객명	사업장 명	컨설팅 분야	컨설턴트 명 (연락처)	컨설팅 기간	보고서 등록일
정**	코*네일	점포운영	유**	2024.03.18	2024. 3. 20

I. 컨설팅 기본 정보

1. 신청인 정보

성명	정**		연령 / 성별	44/여
주요 경력	실무경력 10년차, **대 실내디자인전공		e-mail	

2. 업체 정보

업체명	코*네일	업태 / 종목	서비스/이.미용/ 네일아트
사업장 주소	평택시 모산영신 길	사업자등록번호	000-00-00000
창업(예정)일	2017-11-02	면적	19.8 m²
영업시간	10:30~20:00	종업원 수	0
사업 아이템	네일샵		

3. 신청인 요청사항

요청분야	점포운영
요청내용	- 사업아이템 개발 - 고객관리

II. 신청분야 현황 분석

1. 신청인 요청사항

- 신청인은 실내디자인을 전공하고 관련직장생활을 하였으나 10년 전 평생직업으로 네일아트를 선택하여 실무경력을 쌓아 창업함. 2년전 현위치로 이전하여 재 창업함.
- 월평균 매출은 500만원을 상회하여 안정적인 매출을 실현하고 있으나 사업장 임대료, 주거비용등으로 어려움을 겪고 있으며, 전 사업장에서 발생한 손해금액을 회복하는 문제로 경제적 어려움이 큼
- 현 사업장으로 이전시 경쟁업체가 반경 100M이내에 1곳으로 경쟁력이 있었으나 현재는 주변 4곳 신규 경쟁업체의 영업으로 과다 경쟁 중으로 더 높은 매출향상에 어려움 있음.
- 현재 시술 아이템 외에 수익을 창출할 수 있는 아이템 마련을 요청함

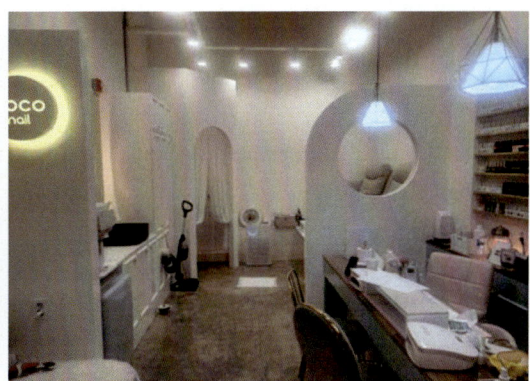

셀프 디자인한 실용적이고 아름다운 사업장 내부

II. 신청분야 현황 분야

2. 신청분야 현황 진단

2-1 사업자 역량분석
- (경력) 동종 업종경력 10년, 현 위치 2년째 사업운영중임
- (지식) 살롱네일아트 전반에 대한 테크닉이 뛰어나며, 고객응대 능력이 우수함.
- (기술) 네일아트 기능사자격증보유, 실내디자인학사로서 디자인능력, 색채 감각이 뛰어남

SWOT 분석

강점
- *네일아트직업에 만족도 높음
- *디자인/색채능력 우수함
- *높은 기술력으로 매니아층 확보

강점강화방안 - 고객맞춤형 디자인제공

약점
- *상권내 경쟁업체 증가 : 최근 신규 4개업체 영업중이며 가격경쟁 치열

약점감소방안 - 온라인 홍보 활용

기회요인
- *우수한 살롱네일아트 기술 및 노하우, 전문 자격증 보유

기회창출방안 - 네일아트창업과정 수강생 양성

위협요인
- *네일아트 창업과정 운영 및 관리 경험 없음

위협요인제거방안 - 선행기초조사 및 주변 학원운영정보 확보

II. 신청분야 현황 분야

2. 신청분야 현황 진단

2-2 매출 및 경쟁력 분석
- (매출) 수진업체의 월평균매출은 2024년 3월기준 500만원을 상회하며 총이익은 약246만원로 분석됨.
- (경쟁업체) 2024년 3월 기준 반경 500m 이내에 4개 업체 영업중.
- (경쟁력) 월평균 매출 500만원이상으로 주변경쟁업체의 2023년 12월 기준 202만원보다 148%높게 나타남.

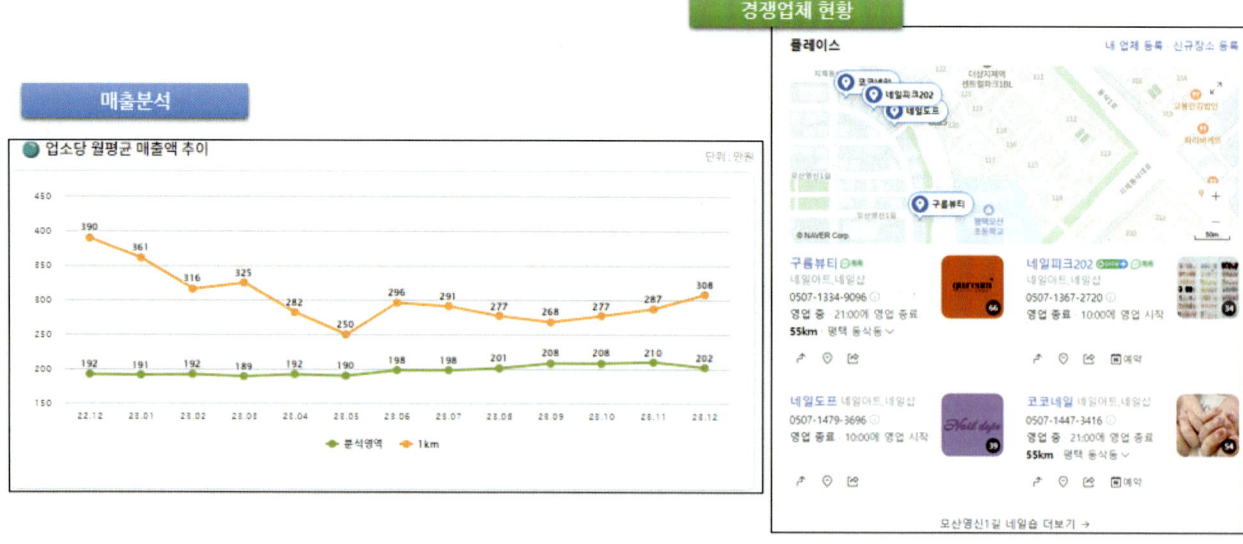

3. 월간 손익분석

★ 분석결과 높은 임대료가 순이익률을 높이는데 저해 요인이 됨.

목록	금액	산출기준
1. 매출액	500만원	월평균매출
2. 매출원가	40만원	원재료비 및 상품구입비
3. 매출이익	460만원	매출액 - 매출원가 = 매출이익
4. 전체경비	213.9만원	아래 인건비부터 이자비용까지 합친 금액
- 인건비	0만원	종업원 인건비
- 임차료	145만원	임차관련 월세 및 관리비 합계(부가세 포함)
- 관리비	10만원	통신비(유선+무선) + 보험 및 렌탈비+ 사업장 차량유지비(있을 시) 등 합계
- 수도광열비	10만원	전기 + 가스 + 수도 등 합계
- 기타경비	10만원	홍보비(배달 앱 수수료) 등 경비 미포함 금액
- 감가상각비*	33.3만원	인테리어비용2,000만원/60개월
- 이자비용**	5.6만원	대출 원금을 제외한 순수 이자(월 상환 원금은 미반영)
5. 총이익	246.1만원	사장님 인건비를 포함한 총이익 (매출이익 - 전체경비 = 총이익)

III. 신청업체(분야) 취약점

진단분야	현황 및 취약점
매출신장아이템	● 매출신장을 위한 아이템고민 - 기존 시술만으로 매출향상은 어려움 - 네일아트의 시술특성상 일정한 시간이 필요하므로 1일 시술가능한 고객수가 정해지며 - 특별한 아이템으로 시술단가를 올리는 것이 용이하지 않음.
홍보전략	● 인스타그램을 운영중이나 적극적 활용필요 -시술사진은 다수 업로드 되어 있으나 고객의 호감을 끌어낼수 있는 시그니처 아이템은 찾을 수 없음.
고객관리	● 고객관리 시스템 없이 수기로 작성 - 고객정보관리와 정기적인 소통을 위한 고객관리 시스템 없음.

IV. 취약점에 대한 개선방안 및 기대효과

분 야	개선방안	기대효과
매출신장아이템	➤ 네일아트 창업과정 운영 - 잉여시간을 이용하여 수강생 지도 - 살롱네일아트 노하우 전수 - 학원등에서 교육받을 수 없는 실무과정 운영	▪ 수강료 수입창출 ▪ 우수한 기술력 전수로 인재양성
홍보전략	➤ 인스타크램 적극활용 - 시그니처 디자인 및 로고 개발 홍보 - 동영상 홍보 추천	▪ 신규고객유입 ▪ 업체 인지도 제고
고객관리	➤ 고객관리 시스템 활용 - 고객정보 관리로 고정고객 확보 - 고객 소통 및 혜택 제공	▪ 단골고객 충성도 제고 ▪ 재방문률 상승

V. 고객 실행 과제

1. 네일아트 창업과정 운영

1) 창업을 위한 살롱 네일아트 전수 과정 구성
- 소수 정예로 운영: 1~2명 수강생 선발
- 수강생 맞춤형 과정 편성 : 필요로 하는 기술과정만 단과로 개설, 4~8회 미만 으로 편성(너무 길게 편성하면 집중력 저하)
- 수강생 맞춤형 일정 편성 : 직장인 or 주부 대상 시간표를 유연하게 편성
2) 수강료 : 일시불 추천
- 분할일 경우 중도포기자 발생가능.

교육 과정 예시			
차수	일시	역량	내용
기본 네일관리	17:00~19:00	큐티클관리	파일링 큐티클제거
살롱 젤네일 1	17:00~19:00	젤네일 제거	제품 및 기구 사용법 및 제거 술 완성
살롱 젤네일 2	17:00~19:00	젤네일 도포	젤네일제품 도포 기법 젤네일 아트기법
살롱네일디자인 창작	17:00~19:00	창작네일 디자인	여러가지 네일아트제품을 이용한 디자인기술

V. 고객 실행 과제

2. 인스타그램 활용

1) 시그니쳐 디자인 개발 홍보
- '코코네일'만의 네일아트 디자인 개발 및 시그니쳐 로고 제작
2) 동영상 홍보: 시술장면, 시술사진등을 3초컷으로 제작하여 업로드, 일반 사진보다 호응도 높음.

시그니쳐 시술상품 개발 홍보예시

V. 고객 실행 과제

3. 고객관리프로그램 활용

1) 업체맞춤형 고객관리 프로그램선택
 - 다양한 프로그램을 분석하여 저렴하고 잘 구성된 프로그램 선택하는 것이 중요함
 - 결제시스템과 연동하여 무료로 제공하는 업체도 있음

2) 고객관리프로그램 중요요소
① 고객데이터 안전성
② 문자서비스 가능여부
③ 매출분석 및 수익분석
④ 고객정보 수록 편리성

미용실 고객관리프로그램참고사이트

https://www.beauty-sarang.net/
https://www.thinkofyou.kr/
https://beauty.yonggam.com/

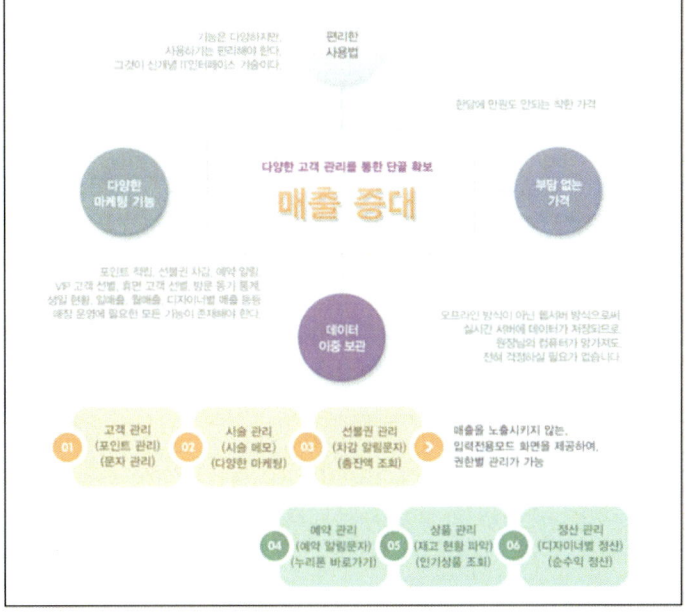

VI. 컨설턴트 종합 의견

❖ 신청인은 성실하며 근면한 자세로 사업에 임하고 있으며, 지속적으로 네일아트 산업에 종사하고자 함.

❖ 네일아트 사업은 1인 사업자가 실현할 수 있는 매출의 한계가 있으므로 틈새시장을 이용하여 수익을 창출하는 것이 효과적일 것임.

❖ 네일아트의 주요고객층이 젊은 세대이므로 온라인 홍보의 중요성을 인식하고 적극적으로 활용하여야 매출실적을 올릴 수 있음.

❖ 매출신장과 경쟁력 강화를 위하여 신청인과 함께 도출한 실행과제 인 1. 네일아트창업과정운영, 2. 인스타그램활용, 3. 고객관리시스템 활용 등을 적극적으로 실행하면 사업성장에 긍정적 효과를 가져올 것으로 기대됨.

2. 네일숍컨설팅 – 인테리어

네일숍 컨설팅 Ⅱ -인테리어

고객명	사업장 명	컨설팅 분야	컨설턴트 명 (연락처)	컨설팅 기간	보고서 등록일
한**	유*네일	인테리어	유**	2021.05.10	2021. 5. 16

01/ 역량 및 운영내역
◆ 주요사항
- 헤어 디자이너 경력 15년, 네일아티스트 경력 8년, 현 위치 7년
- 헤어디자이너로 시작하여 네일아트 영역으로 확대
- 주요고객층 : 40~60대, 여성고객 95%
- 주 아이템: 헤어염색, 네일아트

◆ 향후 보완사항
- 내부 인테리어 보완
- 트랜드 헤어 컬러링 품목 추가

구분	구분	현황	비고
사업자능력	경력, 자격	미용실무경력 약 15년 네일아트 경력 8년 미용대회 참가 및 수상경력 보유	
사업운영	인적자원	대표자 1인운영	
	고객관리		
	마케팅활용	네이버 플레이스, 인스타그램, 블로그	

02/ 사업장 환경분석

아산 권곡동 구거지역 골목상권에 위치

- 반경 500M 내에 4개의 동종 업체가 경쟁중(2021년 0월 기준)인 것으로 파악되었으나 피부관리실 혹은 미용실내에 샵인샵 형태의 네일샵이 다수 존재하는 것으로 분석됨.
- 주택가 소로변 근린상가 1층에 위치하고 있어 도보로 접근하기는 좋으나 주차시설이 없어 불편함.
- 주권상권도 생활근린업종으로 형성되어 있어 집객에 도움이 될 것으로 판단됨.
- 현 위치에서 7년째 사업을 운영중이며 내부 인테리어가 노후되었으며 집기의 정리 및 수납이 필요함.
- 휴게공간과 시술공간을 분리가 불분명하며 편의시설 보완이 필요함.
- 외부간판 식별은 가능하나 노후되어 업체명이 지워진 부분이 있으며, 전면유리를 통해 내부를 볼 수 있도록 정비가 필요함.

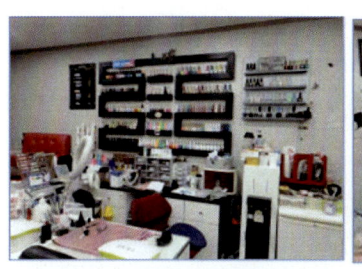
사업장내부 (네일아트 코너)

사업장내부(염색 코너)

사업장전면. / 사업장 주변 환경

01/ 주변상권개요

- **분석지역**: 아산시 청운로146번길반경 500M(21년05월 기준)
- **업종**: 이.미용/네일아트
- **특성**: 온양온천역 인근의 오래된 생활상권으로 음식점, 미용업 등이 혼재되어있으며 주거인구가 많지 않고 노령인구의 비율이 높음.
- **상권**: 아산시 전체는 정체가능성이 있는 것으로 분석되었으나 분석지역은 지속적 성장가능성이 있는 상권으로 분석됨.

분석상권 요약

상권명	업소수	선택업종 총 매출/건수		인구			지역		
		총액(만원)	건수	주거	직장	유동	주요시설	학교	교통
핵심상권	4	302	42	4,291	3,664	43,188	148	1	21

03/ 매출분석

- **매출비교분석**:
  - 2022년 5월 기준 분석지역의 평균 매출액은 302만원으로 전월 대비 2.6%감소하였고 건수는 42건으로 전월 대비 31.3% 증가한 것으로 분석됨. 이와 같은 결과는 시술단가의 차이로 인해 건수 대비 매출액이 감소한 것으로 추정됨.
  - 네일아트의 특성상 하절기에 수요가 증가하고, 방역지침의 완화로 인하여 전반기 대비하여 매출액은 61.5%, 건수는 55.6%가 증가함.

단위: 만원, %

지역	구분	21.05	21.06	21.07	21.08	21.09	21.10	21.11	21.12	22.01	22.02	22.03	22.04	22.05
분석영역	매출	187	266	192	313	386	227	543	188	158	121	233	310	302
	증감률	▲2.8	▲42.3	▼27.8	▲63	▲23.3	▼41.2	▲139.2	▼65.4	▼16	▼23.4	▲92.6	▲33.1	▼2.6
1km	매출	299	369	263	232	267	480	365	205	291	185	291	310	257
아산시	매출	271	323	323	294	346	392	361	358	292	213	300	332	275

단위: 건, %

지역	구분	21.05	21.06	21.07	21.08	21.09	21.10	21.11	21.12	22.01	22.02	22.03	22.04	22.05
분석영역	건수	27	31	40	34	55	37	106	39	34	20	22	32	42
	증감률	▲3.9	▲14.8	▲29	▼15	▲61.8	▼32.7	▲186.5	▼63.2	▼12.8	▼41.2	▲10	▲45.5	▲31.3
1km	건수	27	27	23	28	36	31	62	34	31	18	22	24	29
아산시	건수	37	40	43	42	47	45	47	48	43	30	41	42	39

- **요일별매출분석**:
  - 분석지역은 토요일의 매출건수가 22.1%로 가장 높고 일요일의 매출건수는 7.9%로 가장 낮으므로 분석업체가 휴무일을 일요일로 지정한 것은 타당함.

▶ 주중/주말, 요일별 월평균 매출액/매출건수 비율

단위: 만원, %

지역	구분	주중/주말		요일별						
		주중	주말	월	화	수	목	금	토	일
분석영역	매출액	42	46	22	65	63	29	33	67	24
	비율	47.7	52.3	7.3	21.5	20.8	9.6	10.9	22.1	7.9
	매출건수비율	46.2	53.8	4.7	20.9	20.9	9.3	11.6	25.6	7

04/ 인구분석

- 분석지역의 총 유동인구는 43,188명이며 남성비율이 57%, 60대가 27.7%로 가장 높게 나타나 '유*네일&염색방'의 고객층과 차이가 있는 것으로 보이나 20~50대의 유동인구가 전체의 약 60%를 차지하고 있어 실제로는 분석업체가 요구하는 고객층과 일치한다고 볼 수 있음.
- 주거인구는 총 4,291명이며, 남성의 비율이 52.3%, 60대가 25.7%로 가장 높게 나타나 유동인구의 분포도와 유사한 것으로 분석됨. 주거인구의 20~50대 인구 역시 전체의 약 60%로 분석업체의 고객층과 일치함.

유동인구분석

단위: 명, %

지역	구분	월일	성별		연령대별					
			남성	여성	10대	20대	30대	40대	50대	60대 이상
분석영역	인구	43,188	24,610	18,578	3,913	4,391	4,754	8,767	9,381	11,982
	비율		57.0	43.0	9.0	10.0	11.0	20.0	22.0	28.0
1km	인구	43,188	24,610	18,578	3,913	4,391	4,754	8,767	9,381	11,982
	비율		57.0	43.0	9.0	10.0	11.0	20.0	22.0	28.0

주거인구분석

단위: 명, %

지역	구분	전체	성별		연령별						
			남성	여성	10대미만	10대	20대	30대	40대	50대	60대 이상
분석영역	인구	4,291	2,244	2,047	320	324	544	667	676	658	1,102
	비율	100.0	52.3	47.7	7.5	7.6	12.7	15.5	15.8	15.3	25.7

01/내부인테리어 및 엑스테리어 정비 제안 1

'유*네일염색방' 대표자는 오랜 실무경험을 보유하고 있으며, 적극적이고 열정적인 자질의 소유자로서 고정고객을 상대로 영업을 하고 있는 자영업자로서 성공가능성이 매우 높다고 판단됨.

다만, 내부 인테리어와 사업장 전면 및 간판의 정비가 필요함.
 1. 내부 시설과 부속물들이 업무에 필요하지 않는 것까지 뒤섞어 공간을 차지하고 있어 공간활용도가 매우 떨어짐.
 2. 사업장 전면의 유리를 방한 비닐로 막아놓아 잠재고객들이 내부를 볼 수 없어 고객유입을 저해 할 수 있으므로 이를 제거하고 내부를 깔끔히 정리하면 영업효과를 높일 수 있을 것으로 기대됨.
 3. 간판은 일부 상호가 지워져 업체의 이미지를 실추 시킬 수 있으므로 수리가 필요함.

1인용 네일아트 시술공간 인테리어 샘플

01/내부인테리어 및 엑스테리어 정비 제안 2

매장 인테리어 샘플

엑스테리어 샘플

페디큐어 시술공간 샘플

02/ 트랜드 헤어컬러링 시술품목 제안1

* 트랜드 컬러를 다양하게 제공하고 높은 시술가격을 책정할 수 있다.

1. 옴브레(Ombre) - 음영, 그늘진 색이 점차로 변해가도록 하여 빛이 바랜듯한 느낌을 주는 기법

02/ 트랜드 헤어컬러링 시술품목 제안 2

2. 솜브레 Sombre (soft + ombre)
   - 명암과 색의 차이가 크지 않게 표현한 그라데이션 옴브레 염색
   - 모노톤의 가벼운 명암 변화, tone on tone

03/ 트랜드 헤어컬러링 시술품목 제안 3

3. 발리아쥬 Balayage
- 탈색으로 모발 좌, 우측, 끝 쪽을 중심으로 탈색하여 그라데이션을 표현하는 방법
- 호일 기법, 위빙, 솜(탈지면)
- 모발 끝이 밝고 모근 부위로 갈수록 명도가 낮아지는 그라데이션 효과

섹션 좌우를 탈색하는 시술기법

탈지면을 이용한 발리아쥬 시술

아산시 탕정면 '살롱드희'
- 깔끔하고 세련된 업체 외부와 잘 정리된 매장내부로 고객선호도 우수.
- 스마트 플레이스의 리뷰와 별점관리로 업체 인지도와 신뢰도 상승효과
- 젊은 층 고객이 많은 네일샵은 온라인 홍보와 검색이 매출에 기여도가 높으므로 반드시 관리할 필요성 있음.

깔끔하고 예쁜 업체 정면

스마트 플레이스 활용

잘 정리된 매장내부

[뷰티메니지먼트]

구분	수행 전 상태	수행 후 목표(예상치)	성과비율	비고
매출액(월)	500만원	600만원	20 % 성장	
순이익(월)	130만원	212만원	63% 성장	
손익분기점률	68.6%(건전)	57.2%(안전)	11.4%(개선)	

* 감가상각비용 : 15개월전 미용기기 비용으로 소요된 300만원을 정산하였으며 현 위치에서 7년째 사업을 영위하고 있어 인테리어 및 초기 투자비용은 기간 경과로 정산하지 않음.

컨설팅 종합의견

❖ '유*네일&염색방' 대표자 한윤희는 저가 염색방이 아닌 다양한 컬러시술을 하는 헤어컬러 전문샵과 네일샵을 융합하여 영업중이며 전문적인 미용기술을 보유하고 있어 미래 성장가능성은 충분한 것으로 판단됨.

❖ 현재 업체의 내, 외부 시설 및 집기의 정비와 정리가 반드시 필요하며, 고객을 배려하는 수정과 보완이 이루어 진다면 대표자가 보유하고 있는 기술과 맞물려 매출 향상과 고객 확보에 상당히 긍정적인 효과를 가져올 것으로 기대됨.

❖ 제안된 헤어 트랜드 컬러링은 베이직 염색 대비 2~3배의 수익을 올릴 수 있는 아이템이므로 적극적으로 활용할 필요성 있으며, 시술단가의 상승은 자연스럽게 전체 매출로 이어질 것으로 기대됨.

 1.

 2.

 3.

★ 네일숍 컨설팅 수행하기

1. 업체분석...

2. 상권분석...

3. 컨설팅 제안...

4. 종합의견...

★ 네일숍 컨설팅 수행하기

참고문헌

유은희(2022), 헤어미용서비스, 도서출판에듀컨텐츠휴피아

이미선 외 공저(2012), 뷰티컨설턴트, 현문사

이순철(2002). 『서비스기업의 운영전략』. 삼성경제연구소.

이유재(2017). 『제5판 서비스마케팅』. 학현사

이은희·유현정·이준명(2017). 『소비트렌드의 이해와 분석』. 교문사

임숙자·신혜봉. 김혜정. 이현미(2001). 『패션마케팅과 소비자행동』. 교문사

주재훈. 김충로(2020). 「SNS 마케팅과 구매의도 간 브랜드이미지의 매개역할에 대한 실증분석」, 『정보시스템연구』

황윤진. 윤영진(2022). 『사례분석으로 배우는 데이터 시각화』. 한빛미디어.

NCS학습모듈 미용업 경영관리, 교육부

Profile

유 은 희

백석문화대학교 토탈뷰티학과 교수

동국대학교 대학원 향장예술학 박사
충청남도 미용명장1호
대한민국 우수숙련기술자
대한민국 산업현장교수
유원대학교 뷰티케어학과 겸임교수
동남보건대학교 피부미용과 겸임교수
수원여자대학교 미용예술과 외래교수
소상공인시장진흥공단 소상공인 비법전수컨설턴트
서민금융진흥원 경영컨설턴트

박 지 연

신성대학교 뷰티헤어디자인 겸임교수

건국대학교 산업대학원 향장미용 석사
충남도립대학교 뷰티코디네이션 학과 겸임교수
SBS뷰티미용학원 당진캠퍼스 대표

뷰티메니지먼트
Beauty Management & Consulting

2025년 3월 15일 초판 1쇄 인쇄
2025년 3월 20일 초판 1쇄 발행

저　　자	유은희　박지연 ◆ 共著
발 행 처	도서출판 에듀컨텐츠휴피아
발 행 인	李 相 烈
등록번호	제2017-000042호 (2002년 1월 9일 신고등록)
주　　소	서울 광진구 자양로 28길 98, 동양빌딩
전　　화	(02) 443-6366
팩　　스	(02) 443-6376
e-mail	iknowledge@naver.com
web	http://cafe.naver.com/eduhuepia
만든사람들	기획·김수아 / 책임편집·이진훈 정민경 하지수 박현경 정보연 디자인·유충현 / 영업·이순우

ISBN　　978-89-6356-489-0 (13590)
정　가　　22,000원

ⓒ 2025, 유은희, 박지연, 도서출판 에듀컨텐츠휴피아

> 이 책은 저작권법에 따라 보호받는 저작물이므로 무단전재와 무단복제를 금지하며, 책 내용의 전부 또는 일부를 이용하려면 반드시 저작권자 및 도서출판 에듀컨텐츠휴피아의 서면 동의를 받아야 합니다.